PARTISANS OU PATRIOTES

PARTISANS

OU

PATRIOTES

PAR

BARIDOS

PARIS

VICTOR-HAVARD, ÉDITEUR

168, Boulevard Saint-Germain, 168

—

1890

Droits de traduction et de reproduction réservés.

PARTISANS OU PATRIOTES

Français, amis de la liberté, vous qui avez tant lutté et tant souffert pour elle, vous dont les pères, pauvres martyrs, sont morts pour cette sainte cause, en vous léguant l'exemple de leurs vertus, héritage sans prix ; peuple brave, peuple généreux, quelle période de honte et d'incertitude vient de traverser votre gouvernement ! Que d'hommes, ennemis implacables, mais entre qui une haine commune et une même ambition ont suffi pour établir une alliance passagère, que d'hommes, dis-je, se sont réunis pour miner vos institutions et jeter bas toutes les barrières érigées contre les excès de la populace et la fureur des factions : les uns couraient à la

poursuite d'un idéal qui n'est qu'une chi-
mère; les autres espéraient voir survenir
un régime plus paisible et plus stable;
d'autres enfin, agitateurs de métier, qui
savent débiter avec facilité les lieux
communs de la politique, hommes versa-
tiles et souples mais ambitieux, comptaient
partager, le jour de sa victoire, avec le chef
qu'ils servaient, les dépouilles d'un peuple
dont le bien-être était leur moindre souci!
Quel spectacle triste et douloureux que
celui d'une nation en proie aux influences
les plus subversives et les plus destructi-
ves qui ne connaît des causes de ses
maux que la faiblesse et l'incapacité de ses
gouvernants et qui s'agite et se débat dans
l'impuissance de trouver un remède capable de lui rendre la force et le repos! Qui
a pu voir sans être ému les menées de
tant de factions hostiles, l'indécision et le
doute dans tous les esprits, des hommes
dont les doctrines et les principes sont les
mêmes cherchant à atteindre un but commun par des moyens qui se neutralisent?

Quel sujet de regrets et de honte pour les âmes fières et les vrais patriotes que le récit de ces dernières années! Que de détails, pleins de signification pour ceux qui savent les interpréter, s'y accumulent : le renversement souvent imprévu de tant de ministères, preuve convaincante de l'impossibilité de gouverner sans une majorité assurée et fidèle ; les coalitions qui n'ont abouti qu'à accentuer l'esprit de parti et à dégoûter les électeurs du gouvernement parlementaire ainsi pratiqué; les complots et les coteries de coulisses où les préoccupations personnelles et les questions locales l'emportent sur les intérêts de la patrie ; les insultes lancées de la tribune même; les duels qui en sont la conséquence ou qui naissent de la polémique des journaux ; les votes de confiance tant de fois demandés par des ministres anxieux et hésitants à une chambre elle-même irrésolue, votes qui n'ont jamais servi qu'à marquer le désir de la majorité de différer aussi longtemps que possible

les élections générales ; l'embarras des
députés impuissants à satisfaire aux demandes de leurs électeurs et à tenir les
promesses exagérées qu'ils leur avaient
faites dans le but d'assurer leur élection ;
l'empressement qu'ils mettaient à s'expliquer, à prouver qu'ils avaient rigoureusement suivi un programme de telle nuance
politique et à concilier leurs actes législa-
tifs avec les péripéties de la vie parlementaire ; le commerce arrêté ; la religion
bannie des lieux mêmes où sa présence
pouvait le moins nuire à l'exercice des
droits civiques ; la liberté de penser com-
battue par ceux qui s'appellent des libres
penseurs ; l'armée et l'école transformées
en terrain de combat politique ; la ruine
financière accélérée par ceux dont le devoir est d'assurer la gestion économique
des affaires politiques ; la fraude dans la
perception des impôts pratiquée avec l'appui des députés, sinon par leur intermé-
diaire direct ; le budget sans cesse grossi
par des dépenses exagérées ; les res-

sources de la nation gaspillées pour liquider les promesses de candidats n'ayant pas le sentiment de leur responsabilité ; la corruption érigée en tactique de parti et en principe politique ; l'honneur mis aux enchères, la nation trahie dans sa dignité ; puis la réaction toujours croissante contre des tendances aussi néfastes; la conscience publique trop longtemps endormie qui se réveille ; un mécontentement profond et général qui se traduit par des réclamations violentes et par des votes hostiles au régime qu'on rend responsable de tant d'ignominie et de tant de honte; enfin la foule, pour laquelle le pouvoir n'est qu'un hochet, gaie dans ses malheurs dont elle ne connaît pas l'intensité, ivre de ses droits et des appels qu'on fait à son autorité, mécontente parce que ses espérances sont déçues et que ses mille désirs ne se réalisent pas, sentant à la fois sa force et son impuissance, entourée de conseillers intéressés qui attisent sa cupidité pour en tirer profit, la foule flattée, trahie, abandonnée, perplexe et nerveuse qui, malgré la voix faible des Laocoon, s'empressait d'acclamer un dictateur, et de vous livrer, vous Français, au joug infâme d'un soldat déshonoré, d'un fauteur de désordres, d'un perturbateur frivole et incapable. O malheur profond! O honte accablante!

Et toi, France! lancée, il y a dix-huit ans, par la faiblesse d'un malade et la folle ambition d'une femme, dans une guerre désastreuse et cruelle, mais aujourd'hui vaillante et régénérée, quelles erreurs et quelles fautes ont commises ceux qui dirigent tes destinées, pour que tes ennemis puissent dire avec une apparence de raison et de vérité que tous les grands principes sont nés dans ton sein sans qu'un seul y ait pris racine, sans que la génération actuelle ait pu en profiter? Ces fautes sont-elles irréparables? Ces erreurs sont-elles fatales? Tes enfants cesseront-ils un jour de te déchirer? Seras-tu éternellement livrée en pâture à des sectes intransigeantes qui s'acharnent les unes contre

les autres ? Pourra-t-on les apaiser ou les
faire disparaître sans satisfaire à leurs demandes absurdes et contradictoires ?
Verra-t-on jamais la fin de cette guerre
intestine qui depuis si longtemps t'épuise
et te déshonore ? N'y a-t-il pas de transaction possible entre les intérêts des partis
et les besoins du pays ? Tes hommes d'État
engagés par leur passé et égarés par la
violence de la lutte sauront-ils faire les
sacrifices nécessaires au salut de leur
patrie ? Pourront-ils oublier pendant une
courte période qu'ils sont monarchistes,
républicains ou bonapartistes pour rede-
venir Français ? Les mots patrie et liberté,
égalité et démocratie serviront-ils toujours
à exciter la haine des classes sociales, à
aveugler des foules trop crédules et à cacher les ténébreux desseins des hommes
sans vergogne qui vivent de cette crédulité ? Saura-t-on réprimer les influences
dissolvantes de la société qui détruisent la
liberté comme des acides nuisibles ron-
gent un fruit trop mûr ? Les préceptes, les

maximes, la sagesse en un mot de tes philosophes, le charme et l'éloquence de tes orateurs, les vœux des nations amies, les traditions glorieuses du passé, ses souvenirs, ses exemples, ses leçons, ses épreuves pèseront-ils dans la balance? Te sauveront-ils des périls qui te menacent? Ou les crises deviendront-elles plus fréquentes? L'anarchie prendra-t-elle des proportions encore plus formidables jusqu'à ce que, lasse de cette vie au jour le jour, de ses tiraillements et de ses incertitudes, tu cherches la paix dans une soumission honteuse et tu te jettes aux pieds de quelque prétendant égoïste ou de quelque aventurier qui, afin de conserver le pouvoir que le hasard lui aura accordé, te livrera forcément à tous les malheurs de la guerre et aux plus cruelles injustices de la tyrannie aux abois? O France, quelle chute déshonorante ! O Français, quelle trahison coupable !

Vous traversez en ce moment une période de calme et d'apaisement. Le succès de la fête splendide à laquelle vous avez convié les nations, l'augmentation du bien-être qui en est la conséquence et le désir qu'a tout le monde de voir rétablir la paix à l'intérieur ont eu pour résultat d'apporter dans la politique des éléments nouveaux de modération et de conciliation. Grâce à cet état de choses, vous avez pu donner au monde, pour la confusion de vos ennemis, l'exemple éclatant d'un peuple qui se possède. Jugez donc des malheurs auxquels vous échappez par l'estime et la considération que vous avez acquises en si peu de temps. Réfléchissez aujourd'hui à la manière de conserver vos droits et vos libertés sans en abuser; car leur valeur est telle que, si par excès de zèle ou par imprudence vous les sacrifiez, vous serez obligés de les reconquérir au prix de nouvelles luttes et de nouvelles vicissitudes. Essayez de vous soustraire aux influences de la politique afin de pouvoir l'envisager avec plus de calme. Approfondissez, pendant qu'il en est temps, les grandes questions qui exci-

1.

tent et passionnent les partis et les factions.
Fouillez les pages de votre histoire ; passez
en revue les divers régimes auxquels a été
assujetti votre pays, et en recherchant l'o-
rigine de leur puissance ou de leur faiblesse, de leur grandeur ou de leur déca-
dence, vous arriverez à connaître les maux
dont vous souffrez, à en déterminer l'importance relative et à en suggérer les remèdes ; car l'histoire se répète et les causes
générales sont les mêmes dans tous les
temps. Portez vos regards sur la période
troublée qui précéda le second Empire .Les
événements de la révolution de 48 nous
fournissent des preuves irréfutables de
l'incapacité politique et de l'influence néfaste des masses agitées. Quelle menace,
pour les gouvernements, que la foule in-
constante, excitée, envieuse ! Quel danger
pour les peuples et la liberté ! Quel besoin
d'en reconnaître le véritable caractère, les
penchants et les habitudes afin de la sauver de ses propres excès et de mettre la société et la constitution à l'abri de ses atta-

ques. Car elle ne respecte ni les lois ni
ceux qui les font, elle préfèrerait s'en passer; elle ne se soucie guère des atteintes
qu'elle porte à l'autorité dont elle ne saisit
pas l'importance; elle n'est même pas démocratique, puisqu'elle refuse de se soumettre aux décisions de la nation entière
librement consultée; elle n'écoute que la
voix de ses meneurs qui la trompent; elle
ne comprend pas la politique sans agitation; ce serait pour elle comme un festin
sans vin, ce serait la stagnation; tout chez
elle est affaire d'impulsion et d'entraîne-
ment; ses actes sont spontanés non rai-
sonnés, ses idées peu claires; elle n'a jamais un but bien arrêté, à moins que ce ne
soit le massacre de ses ennemis, l'incendie
d'un bâtiment, le renversement d'un trône
ou l'acclamation de quelque ambitieux qui
a su pour un jour la captiver sans pouvoir
la dompter. Menacer et intimider, c'est sa
façon d'agir; faire peur aux bourgeois,
c'est ce qui résume ses intentions, les bourgeois, disons-le, étant tous ceux qui se

rangent du côté de l'ordre. De l'intimida-
tion, elle passe à des actes de violence;
sous les exhortations de ses chefs intéressés, elle se porte tantôt dans un sens,
tantôt dans l'autre, cherchant à briser et à
détruire tout objet attaquable qui représente une valeur quelconque; elle fait la
guerre à la propriété; sa haine se déchaîne
contre le pouvoir et les classes aisées; elle
est audacieuse, elle méprise le danger, elle
est prête à mourir pour sa cause qui est le
désordre. Comment la soutenir, cette cause,
comment en assurer le triomphe, sinon en
combattant? Lorsque ses passions se sont
calmées et que ses instincts révolutionnaires sont satisfaits, elle se disperse et re-
prend sa vie quotidienne, après avoir
livré le pays à tous les périls et à tous les
inconvénients de la guerre civile et facilité
la tâche d'un prétendant désireux de s'é-
riger en dictateur.

Laissons parler les faits. Au moment
même où Louis-Philippe commence à cé-
der, la foule dénonce et conspue les chefs

de l'opposition, les hommes qui, par leur influence et leur éloquence, avaient le plus contribué aux succès de sa cause ; lorsque le roi promet de dissoudre la chambre, elle répond en criant : « La République. » Les députés s'assemblent pour délibérer sur la situation ; elle envahit la salle pour influencer par sa présence leur décision ; peu de temps après elle menace de remplacer le drapeau de la France par le sien. C'est elle encore qui intimide le gouvernement et l'oblige à ajourner les élections, de manière à favoriser ses intérêts qu'elle met toujours avant ceux de la patrie ; quand elle voit que la majorité élue par le suffrage universel lui est hostile, elle se décide, sur l'avis des journalistes et avec l'appui des clubs qui jouèrent en 48 le même rôle détestable qu'en 93, à en appeler à la force et à faire dominer ainsi ses idées dans toute l'étendue du pays. Elle envahit de nouveau la chambre et prononce sa dissolution ; on l'en chasse. Elle n'hésite plus alors à recourir au plus dangereux des expédients, au dernier et, s'il n'est pas pleinement justifié, au plus infâme des moyens, à l'insurrection. La résistance qu'elle opposa à l'abolition des ateliers nationaux nous prouve qu'elle défend des chimères et des utopies avec le même acharnement qu'elle combat l'ordre et la liberté, lorsqu'ils sont en contradiction avec ses désirs. Le second Empire fut son œuvre tout autant que celle de Napoléon III et de ses associés ; par ses menées elle déconsidéra et affaiblit le système parlementaire et prépara ainsi les esprits à un régime basé sur l'autorité ; par ses chansons, elle fit la popularité d'un prétendant dont elle resta longtemps l'alliée fidèle et soumise. Une concession à la foule fut le premier acte politique du prince président, concession dont celui-ci tira profit et celle-là satisfaction. Le suffrage universel, don qui, comme celui des Grecs, n'était en réalité qu'une arme, servit à rapprocher les deux forces extrêmes de la politique et à unir l'anarchie à la tyrannie.

Leur hostilité commune contre la bourgeoisie fortifia leur alliance; aussi voit-on les masses populaires devenir de plus en plus exigeantes et séditieuses à mesure que l'opposition régulière grandit.

Il résulte de ce qui précède que l'on doit regarder l'action incertaine de la foule comme un péril permanent pour les institutions libres. Le problème que soulève la recherche des moyens de parer à ce danger est à la fois militaire et politique. Pour étouffer une insurrection, tant qu'elle n'a pas pris des dimensions formidables, des mesures policières sont préférables à l'emploi de l'armée régulière qui restera pourtant toujours la véritable base et le dernier soutien de l'autorité. Mais aussi, faut-il que la police soit assez forte pour accomplir la tâche qu'on lui impose, les sergents de ville ont d'ordinaire trop d'affinités avec les hommes qu'ils sont appelés à combattre pour qu'on puisse se fier entièrement à eux. La gendarmerie est-elle assez nombreuse? Il y a lieu d'en douter. Il serait

peut-être à désirer qu'une organisation
spéciale fût établie dans les grandes villes,
et surtout à Paris, pour mettre l'État complètement à l'abri des manifestations hostiles et des attaques de la foule. Elle pren-
drait le titre de Légion de la paix publique;
elle se composerait de plusieurs corps dont
les membres seraient des hommes choi-
sis et serviraient, le cas échéant, contre
l'ennemi en temps de guerre. Si l'on ajou-
tait à une solde suffisante pour assurer
leur fidélité certains privilèges, on les rendrait ainsi d'autant mieux disposés à soutenir le gouvernement que des pénalités
sévères les empêcheraient de trahir. Ceux
qui saisissent le rapport étroit qui existe
entre la sécurité intérieure d'un pays et
son prestige à l'étranger admettront l'utilité et l'importance d'une pareille organisation. C'est d'ailleurs la manière la plus
pratique de réduire à des proportions conformes à l'égalité et aux principes de la
vraie démocratie l'influence des socialistes
et des plus violents radicaux. Les appels

à la force qui produisent toujours plus
d'effet sur les auditoires auxquels ceux-ci
s'adressent que des raisonnements solides
et même que des paroles insinuantes, le
souvenir du rôle puissant quoique illégal
qu'ils ont joué dans le passé, la crainte
qu'inspirent leurs menaces, les hésitations
du gouvernement qui fait de son mieux
pour éviter une intervention dont il re-
doute les conséquences, tout cela donne à
ces esprits turbulents une importance que
rien ne justifie. Rendre impossibles les
manifestations ayant un caractère mena-
çant, inculquer aux masses de saines idées
d'ordre, de paix et de soumission, leur
inspirer au besoin une crainte salutaire de
la loi, leur montrer que les vaines promesses de leurs chefs ne pourront se réaliser, en un mot leur prouver par des faits
que la France a rompu à tout jamais avec
le désordre et les traditions révolutionnaires, c'est frapper le socialisme au cœur,
c'est diminuer de moitié la puissance sub-
versive du radicalisme.

Laissons maintenant de côté les exemples de l'histoire ; occupons-nous des problèmes d'aujourd'hui, et examinons quels partis se disputent le pouvoir, soumettons leurs prétentions, leurs ambitions, leurs opinions et leur conduite à un examen rigoureux mais impartial et déduisons-en sans crainte les conséquences.

Dans la plupart des pays de l'Europe où l'on pratique le gouvernement parlementaire, l'opinion publique s'est divisée pendant près d'un siècle en deux camps hostiles. L'un renferme les pauvres, ceux qui n'ont rien à perdre et tout à gagner, ceux qui réclament l'abolition des inégalités qu'ont fait naître les changements et les revers de la politique et parfois même celles qui dérivent de la nature même des choses, et avec ceux-ci des penseurs hardis et enthousiastes, des théoriciens audacieux et généreux, des démagogues de métier et de conviction. Dans l'autre se rencontrent les hommes timides et prudents, soumis et autoritaires, les riches et

les nobles, ceux qui ont des privilèges ou
des intérêts à défendre et qui s'opposent à
la diffusion du pouvoir par la crainte d'affaiblir l'autorité. Cette division est d'ailleurs si naturelle qu'il est à croire qu'elle
ne disparaîtra jamais entièrement; dans
certaines circonstances pourtant elle se
modifie. Lorsqu'un nombre considérable
de citoyens seront ou se croiront menacés
par le reste d'une nation, un parti se for-
mera toujours pour leur défense. Les
catholiques au Reichstag, les députés
irlandais à la chambre des communes
sont des exemples de l'opposition que
suscitent des dangers supposés ou réels.
Mais de telles factions n'ont pas un caractère permanent ni une influence bien
durable. Si demain les tenanciers deve-
naient propriétaires en Irlande, le parti
dont M. Parnell est le chef aurait vécu. Il
en serait de même pour le groupe catholique en Allemagne, si ceux qu'il représente n'avaient plus à craindre l'action
hostile des protestants. En Angleterre et

en Amérique, on a presque atteint les dernières limites de la saine démocratie. Le
progrès qu'on a fait est assuré, la religion
est tolérée, les libertés déjà acquises ne
courent pas le risque d'être confisquées,
les partis surtout, quoique nettement opposés, sont forts et homogènes et les institutions inébranlables. La France offre un
spectacle bien différent. Dans ce pays une
question prime toutes les autres, c'est
celle de la Constitution. Ce ne sont pas des
libéraux et des conservateurs, des pro-
gressistes et des réactionnaires qui se disputent le pouvoir afin de faire dominer
leurs idées, mais des bonapartistes, des
royalistes et des républicains; les alliances
n'ont pas d'autre but que l'établissement
de la forme de gouvernement que favorise
telle faction. Si les modérés consentent à
voter et à agir avec les radicaux, c'est
pour sauver la République; si les monarchistes s'allient avec les partisans de
l'empire, c'est pour la renverser. Cette
tendance à accorder à la forme du gou-

vernement une importance supérieure á
toute autre question a pris un tel développement que l'on en trouve partout les
traces. Elle produit les effets les plus
sinistres. Ce qui montre les prétentions
vaines et absurdes de ceux qui veulent
passer pour des hommes politiques sans
avoir jamais mérité que le titre de sectaires, c'est qu'ils ne parlent jamais du
pays sans le dénommer selon leurs préférences personnelles; on entend de tous
côtés « la France monarchique », « la jeunesse républicaine » et d'autres expressions semblables qui marquent le désir de
ceux qui les emploient de voir rentrer
dans le cadre de leurs idées étroites tous
les membres et toutes les forces actives
de la nation. S'agit-il d'apporter un remède à la situation actuelle, les impérialistes aussitôt de dire : « C'est l'Empire qu'il
nous faut »; les républicains de répondre
« la République, c'est le salut » et les
royalistes de répéter en chœur après leur
chef : « la Monarchie seule peut sauver la

France ». Cette foi aveugle dans un
régime inspire et leurs actes et leurs discours; elle explique, sans les justifier,
leurs fautes, leurs erreurs, leurs impru-
dences, leurs bévues, leurs inconsé-
quences et leurs excès. Sous cette influence l'opposition devient un devoir,
l'intransigeance une vertu, la concession
une trahison, la modération une impossibilité. Cette manière de voir envahit la
magistrature, l'école, l'armée, les assemblées départementales; elle corrompt et
détruit, elle rend stériles les meilleurs
efforts; elle possède tous les esprits; elle
est sans exception le plus grand mal dont
souffre le pays. O hommes pervers! si
vous mettiez autant d'acharnement à
réformer ces régimes qu'à les attaquer et
à les défendre; si vous cherchiez à les
adapter aux besoins de la nation, à en
empêcher les abus, au lieu de vous en
servir pour combattre et opprimer; si,
malgré vos querelles, vous saviez respec-
ter la liberté et soutenir sans faiblir sa

cause pour laquelle vous professez un
amour si grand, alors la confiance et l'espoir renaîtraient dans le cœur de ce
peuple fier mais profondément découragé
par vos luttes et de la patience duquel
vous avez trop longtemps abusé. Mais
voyons sur quelles idées vous basez des
réclamations aussi urgentes en faveur de
telle forme constitutionnelle que vous
croyez indispensable à la paix et à la
sécurité de la nation.

AUX BONAPARTISTES

Partisans de l'empire, quelle défense présentez-vous d'une dynastie dont les fautes et les faiblesses ont, deux fois en un siècle, eu pour résultat de mettre la France à la merci de l'étranger? Si vous essayez d'opposer au sort qui l'attendait les succès militaires qu'elle remporta, la gloire qu'elle acquit, on vous répondra qu'un roi absolu est plus à même de se livrer à de pareilles entreprises et que réduire le gouvernement à un simple jeu du hasard est en méconnaitre l'essence et se rire des plus hautes responsabilités. Oseriez-vous prétendre que l'empire est une garantie d'ordre, de paix et de stabilité? l'histoire est là pour

vous donner le démenti le plus catégori-
que et vous prouver d'une manière irréfutable la fausseté de vos opinions. Citeriez-
vous l'exécution de grands travaux publics
comme un bienfait de ce régime? On vous
répliquerait (sans parler des dépenses exagérées qu'ils entraînent; sans discuter le
pour et le contre de cette méthode d'acheter l'opinion) que vous n'en avez plus le
monopole, que les républicains sont en ceci
vos rivaux. Mais ce n'est pas sur de semblables raisonnements, que vous fondez
vos espérances, ce ne sont pas là vos arguments de combat, quoiqu'ils servent pour
aveugler les ignorants et les crédules.
Non. Afin de mener à bien votre campagne contre ce qu'ils vous plaît d'appeler le
parlementarisme, vous recourez selon vos
traditions à la dissimulation. Aujourd'hui,
comme autrefois, vous vous présentez aux
électeurs portant le masque de la démocratie et affublés du manteau impérial,
sous lequel vous avez bien soin de cacher
votre épée. Réunir par la ruse imprévoyante

qui trompe celui qui l'emploie ces deux extrêmes de la politique, la démagogie et l'autorité; établir entre elles une alliance qui ne peut être qu'une trêve, en supprimant ou en laissant de côté tout ce qui les sépare; et, sur cette trêve incertaine, sur cette alliance d'un jour, élever tout l'appareil d'une administration et d'un gouvernement, tel est le but que vous vous proposez, tel est le rêve que vainement vous voudriez réaliser. Espérons du moins que ce ne sera qu'un rêve. Rêveurs, vous l'êtes et aveugles aussi, mais réfléchissez. Vous êtes sur le bord d'un précipice, vous ressemblez à des hommes qui ayant bâti leur maison sur un pont de neige, entre deux hauts rochers, attendraient le soleil du printemps dont les rayons doivent les précipiter dans l'abîme, car c'est ainsi que fond et disparaît sous l'influence de la liberté renaissante la confiance d'un peuple dans la parole d'un dictateur. Et malheur à celui qui ne reconnaît pas les signes de ce changement! Malheur à vous si arrivés

au pouvoir vous attendez trop longtemps
le réveil de ce libéralisme dont vous mé-
connaissez la force et la puissance!

Il existe depuis plus d'un siècle dans tous
les pays vraiment civilisés, mais plus particulièrement en Angleterre et en France,
un parti d'une grande activité composé
d'éléments les plus variés et les plus opposés. Il compte parmi ses membres des
philosophes comme Voltaire, Montesquieu,
Rousseau; des orateurs comme Mirabeau,
Royer-Collard, Lamartine et Thiers; des
penseurs profonds, d'ardents écrivains,
des économistes laborieux, des publicistes
enthousiastes, enfin tous ceux qui s'occu-
pent sérieusement des problèmes politiques, des rapports des classes sociales et
qui s'intéressent au sort de la multitude
des travailleurs. Ce parti est un foyer de
mouvements généreux et de nobles idées
où germe le progrès, où naissent les libertés, foyer aussi nécessaire au bien-être
d'une nation que l'est à celui d'un homme
tel organe de son corps. C'est un parti

redoutable, la presse est son arme; son char de bataille, la tribune; et l'indépendance, son haleine. Il instruit le public, il inspire l'opinion et lui communique son énergie et son souffle et quand on l'opprime et qu'on résiste trop longtemps à ses justes réclamations par l'ardeur de ses convictions, par l'opiniâtreté avec laquelle il défend sa cause, il soulève le peuple et met en branle les forces révolutionnaires qui, une fois déchaînées, renversent et détruisent toute autorité, balayant sur leur passage, comme l'ouragan la paille, des trônes et des dynasties. Toutes les libertés dont vous jouissez, vous les devez aux efforts infatigables de ce parti et vous songez pourtant à le traiter comme une quantité négligeable, vous lui refusez toute initiative dans la direction des affaires publiques, vous voudriez le supprimer, l'anéantir; vous en menacez l'existence, vous qui n'avez pour armes que des souvenirs où le désastre l'emporte sur la gloire, pour prétentions et arguments que les fautes de vos

ennemis auxquelles vous avez contribué
dans la mesure de vos forces et de votre
capacité; vous, partisans d'un régime sous
lequel la guerre alterne avec la paix, la
défaite avec la victoire, le danger avec la
sécurité, la honte avec l'honneur, la pauvreté avec l'opulence, la misère avec le
bien-être, la faiblesse avec la force, du régime de tous les contraires, de tous les
risques et de toutes les possibilités.

Ah! que de contradictions éclatantes,
que de défauts insignes révèle l'examen
le plus superficiel de vos méthodes politiques et de votre système gouvernemen-
tal! Quel est ce système? Vous avez une
idée qui en est la partie principale. C'est
le plébiscite, qui vous doit son origine.
Cette méthode de consultation populaire
est la pierre angulaire du régime impérial, elle est votre soutien, votre appui;
elle sert de base à toutes vos opérations;
elle vous permet de tirer le plus de profit possible de vos actes, lorsqu'ils sont
louables; de les faire approuver, s'ils ren-

contrent de l'opposition et d'en obtenir
absolution, quand l'opinion les condamne.
Examinons-la. Elle est attrayante, elle a
pour elle la simplicité, on peut même en
reconnaître dans une certaine mesure l'efficacité, puisque jadis elle a valu des succès transitoires à ses auteurs; mais de la
sûreté, elle en a fort peu; de la clarté,
encore moins; de la franchise et de l'hon-
nêteté, nulle trace; représentative, elle ne
l'est en aucune façon! Vous la prônez
comme moyen de connaître la pensée et
la volonté de la nation; oh! que vous vous
faites une idée étroite de ce qu'est la vie
d'un peuple, de ses désirs et de ses né-
cessités. Comme si la nation française qui
comprend des sectes si nombreuses, des
classes si variées devait être réduite ainsi
qu'un enfant à exprimer ses opinions, ses
vœux et ses besoins par un « oui » ou par
un « non ». Afin de mettre ce système
consciencieusement en pratique, il faudrait
poser à la nation chaque jour des cen-
taines de questions, mais ce serait le re-

ferendum, le dada des radicaux et vous
n'êtes que des conservateurs déguisés en
radicaux. Vous professez un respect exagéré pour la démocratie, vous vantez sa
sagesse, vous l'amadouez, vous prétendez
vous fier à son jugement, vous ne cessez
pas de réclamer l'appel au peuple. Du-
perie! Mensonge! C'est afin de le mieux
soumettre, c'est parce que vous espérez
pouvoir le subjuguer avec son consente-
ment obtenu par la ruse. C'est un acte
d'aliénation que vous le poussez à con-
sommer. Vous qui êtes des partisans si
enthousiastes du plébiscite, êtes-vous bien
sûrs qu'il répondra à vos souhaits et que
vous aurez les moyens d'en contrôler selon votre bon plaisir la marche et le fonc-
tionnement? Vous érigez le peuple en juge,
vous lui soumettez cette partie de votre
conduite qui vous paraît la plus digne
d'éloge et vous sollicitez l'expression de
sa sympathie et de son approbation. Mais
pourriez-vous toujours limiter cet examen? pourriez-vous empêcher ce juge, que

vous faites semblant d'honorer, de vouloir
scruter vos actes et vos motifs? Et quand
il les condamnerait, ce qui ne tarderait
pas à arriver car l'opinion publique si elle
est libre varie souvent, que deviendrait
alors votre régime? Ne serait-il pas jour-
nellement en danger d'être renversé? Dans
ces conditions, où seraient les garanties
de sa stabilité? Ne comprendriez-vous que
lorsque les faits vous l'auraient prouvé
qu'il n'avait jamais eu pour base qu'un
sable mouvant.

L'autre partie de votre système consiste
dans des institutions tracées de manière à
concentrer entre les mains de l'empereur
le pouvoir et l'autorité, à priver les représentants de la nation de toute initiative
dans la législation et à réduire leur ingérence dans la direction des finances à un
contrôle illusoire. Certes, sous le second
Empire, le corps législatif votait les crédits et les lois, mais la rédaction de
celles-ci appartenait au Conseil d'État
dont l'indépendance était justement sus-

pecte, tandis qu'en matière de finances le souverain échappait à cette surveillance au moyen des décrets supplémentaires. Si l'on songe qu'il s'assurait par des procédés électoraux aussi injustifiables qu'audacieux la majorité des députés, l'on a de la peine à s'expliquer l'utilité du Sénat, peut-être le regardait-on comme une garantie de plus de force et de stabilité, comme une digue contre la marée montante de la démocratie, un dernier rempart contre le libéralisme ; une sorte de garde impériale législative, peut-être le conservait-on comme un décor afin de cacher sous la multiplicité des pouvoirs leur caractère arbitraire et leur origine tyrannique. En bas, une liberté factice, une générosité simulée et une simplicité décevante ; en haut, des détours, des restrictions, des entraves et une complexité plus réelle qu'ostensible, plus efficace qu'apparente, tels sont les traits marquants du régime impérial.

Depuis quelque temps, vous avez reçu

dans vos luttes contre le système parlementaire un secours précieux et inattendu. Il s'est trouvé un homme d'une ambition sans limites et d'une activité fiévreuse qui vous a prêté l'appui de ses passions et de ses haines. Avide de gloire, d'éloges et de flatterie, désireux d'acquérir à tout prix de la renommée, de faire parler de lui, il s'est lancé à corps perdu dans la politique, après s'être fait bannir de l'armée par sa conduite irrégulière et ses actes d'insubordination. Sa confiance dans sa capacité et son sort l'a soutenu là où d'autres plus modestes et plus consciencieux auraient succombé sous le déshonneur et la défaite.

Prêt à tout faire et à tout dire pour faire triompher sa cause, il a servi tour à tour tous les partis depuis les radicaux jusqu'aux partisans de l'église, il a professé toutes les opinions sans en avoir aucune, il a prêché toutes les doctrines sans les comprendre et sans les approfondir. Ses connaissances politiques sont fort limitées, ses idées peu claires, ses intentions souvent inavouables; ses discours reflètent la manière de voir de ses conseillers les plus influents et les plus intimes. Ses attaques contre le système actuel n'ont révélé ni la capacité d'un homme d'État, ni les vertus patriotiques, ni l'abnégation qui permettent parfois à un homme d'une intelligence ordinaire de bien servir son pays. L'originalité lui manque. Il s'est fait l'écho de tous les mécontents et a répété après l'opposition régulière les accusations que depuis longtemps on a formulées contre ceux qui détiennent le pouvoir. Il s'est efforcé de modeler sa conduite sur celle de Napoléon III. Il a prodigué comme lui les promesses; ainsi que lui, il s'est adressé à toutes les classes dont il a flatté les espérances; ses déclarations ont le même caractère vague que celles de l'Empereur. Des adhérents lui sont venus de tous les côtés; des uns, il était le chef; des autres l'instrument. Vous, Bonapartistes, partisans du régime des aventures, vous étiez les alliés tout indiqués de cet aventurier. Dès la première heure, vous vous sentiez attirés vers lui. Une alliance tacite s'établit entre vous et ses professions de foi républicaine n'ont pu ni la troubler ni la détruire. Et pourquoi ? Parce que vous aviez des intérêts communs, des vues et des principes semblables si l'on peut appeler ainsi les ressorts cachés qui vous font agir. Vous êtes les ennemis acharnés du gouvernement parlementaire et en cela vous êtes d'accord avec les boulangistes, c'est déjà beaucoup. Leur chef a pratiqué sous une forme restreinte le plébiscite et s'y est montré favorable, c'est encore un point de ressemblance. Quant aux institutions par lesquelles il a songé à remplacer celles qui existent actuellement, il est difficile de s'en faire une idée complète. On n'a que les indications les plus faibles pour arriver à les concevoir. Il n'est pourtant point aisé de se les imaginer autres que celles du second Empire. On a agité la question de la responsabilité des ministres.

Certes l'irresponsabilité est en quelque
sorte un remède contre l'instabilité ministérielle, mais il ne faut pas perdre de vue
qu'elle constitue en même temps l'aban-
don de droits et de libertés très considé-
rables. Pratiquée selon la méthode améri-
caine, elle aurait en France le grand in-
convénient de mettre le pouvoir suprême
complètement à la merci des partis et de
rendre les luttes pour sa possession plus
violentes et plus fréquentes. D'ailleurs un
régime où les ministres sont irresponsa-
bles vis-à-vis des représentants du peuple,
où ceux-ci se trouvent privés de toute initiative dans la gestion des affaires et où
le pouvoir s'appuie directement sur des
votes populaires, qu'on conserve ou non
le titre de président au chef de l'État, est
un gouvernement arbitraire; c'est le régime impérial tel qu'on l'a connu dans ce
pays. Le second Empire fut un fait accompli avant que le Prince président eût pris
le titre d'Empereur. On peut même se demander s'il consolida sa position, en cher-

chant ainsi à augmenter sa gloire. Crom-
well sut cacher son ambition sous un
extérieur humble et modeste et sa puissance n'en fut pas moins réelle ni son autorité moins respectée. C'est en vain que
les membres du parti soi-disant national
prêchent la tolérance; ils ont beau nous
assurer de leurs intentions bienveillantes
envers tous les Français (excepté les parlementaires) et dire qu'ils veulent la république ouverte à tous, la république telle
qu'ils l'entendent, c'est l'empire sans empereur. Mais aujourd'hui tout porte à
croire qu'on a vu la fin de cette aventure
dans laquelle vous vous êtes lancés avec
tant d'audace et tant de légèreté. Vos espérances sont déçues, vos machinations
et vos calculs sont confondus et votre réputation en est profondément atteinte. La
victoire sur laquelle vous comptiez s'est
tournée en défaite; et, après avoir semé
dans tout le pays la discorde et la confusion, vous ne récoltez que le mépris
et la honte. De quelle façon essayerez-

vous donc d'améliorer cette situation ?

Si vous étiez de vrais conservateurs ou de vrais patriotes, voire même des hommes sérieux, vous chercheriez à réparer vos fautes par une conduite sage et conséquente, vous vous borneriez à sauvegarder les intérêts dont vous vous déclarez les défenseurs par une attitude ferme et conciliante. Mais n'est-ce pas trop attendre de vous dont les actes les plus récents ne font pressentir aucun changement dans votre façon d'agir habituelle? Certes vous vous êtes empressés de vous séparer de cet homme dont vous faisiez naguère l'éloge; vous le traitez de poltron incapable après l'avoir salué comme un héros et un libérateur; vous semblez croire pouvoir, par un trait de plume, briser les liens qui vous unissent. Mais ne vous y trompez pas; cette séparation que vous avez voulu rendre publique et éclatante ne se fera pas aussi facilement dans l'esprit des électeurs.

Ce n'est pas un traité qui constitue l'alliance entre vous et les boulangistes, ce n'est pas non plus un article de journal qui peut le rompre. Vous avez beau vous renier et vous calomnier les uns les autres, vous n'en serez pas moins classés dans dans une même catégorie, celle des aventuriers. Ce qui vous lie plus que les paroles et les promesses, c'est l'unité de votre but et la similitude de vos principes et de vos méthodes. Ce but n'est pas autre chose que l'asservissement du peuple français et pour y arriver tous les moyens vous paraissent bons. Comme il vous est impossible d'acquérir la confiance de la nation par les voies ordinaires, vous n'hésiteriez pas — vos chefs l'ont avoué avec un cynisme aussi audacieux qu'imprévoyant — à recourir à la violence et au désordre afin d'arracher le pouvoir des mains de ses dépositaires légitimes. « Sortir de la légalité pour rentrer dans l'ordre », c'est cette phrase vague que vous citez pour justifier tous vos actes, quelles qu'en soient l'inconséquence et la turpitude.

Mais l'expérience ne vous a-t-elle rien appris? L'échec piteux qu'a subi ce parti soi-disant national ne vous servira-t-il pas de leçon? Réfléchissez avant de pousser plus loin votre intransigeance; ne persévérez plus dans cette politique de casse-cou et d'intrigue dont le déshonneur et la défaite sont toujours les conséquences fatales et les résultats définitifs. Car soyez-en convaincus, la France est aujourd'hui assez éclairée, elle a assez vu de régimes politiques pour savoir que le seul gouvernement capable d'assurer à tous les citoyens la pleine jouissance de leurs biens et de leurs droits est le système parlementaire dont vous êtes les ennemis jurés et implacables.

Vous pouvez humilier votre patrie, la dénigrer, l'abaisser aux yeux des autres nations, et l'embarrasser pendant un certain temps par vos attaques répétées et votre conduite déloyale; vous ne pourrez jamais la détourner du but qu'elle poursuit, ni l'arrêter dans la voie où elle s'est engagée du progrès et de la liberté.

AUX RADICAUX

Radicaux! Quels moyens suggérez-vous pour rétablir l'ordre dans le pays, y faire renaître la paix et la confiance, diminuer la violence de la lutte des partis et relever la patrie aux yeux de l'étranger? Vous êtes des théoriciens, des hommes à principes, vous vous vantez d'avoir un système et un programme et vous reprochez aux républicains modérés de n'en avoir pas; vous poussez même votre attachement à certaines idées jusqu'à l'intransigeance. Voyons donc si l'efficacité et la valeur de vos réformes égalent l'ardeur avec laquelle vous les réclamez ou bien si cette opiniâtreté n'est chez vous qu'un fanatisme aveugle.

L'un des problèmes dont la solution présente les plus grandes difficultés est celui de la gestion financière et de l'équilibre des budgets. De quelle manière proposez-vous de le résoudre? Vous avez voulu réduire le nombre des fonctions publiques par l'abolition des sous-préfectures, mais vos alliés les modérés vous ont fait remarquer que si vous ôtiez ces étais à la République, elle s'écroulerait, que le régime périrait et vous vous êtes ravisés ou bien vous vous êtes soumis.

D'aucuns vous ont attribué le désir de diminuer l'effectif de l'armée afin d'épargner davantage les bourses de vos électeurs : s'il y avait quelque vérité dans cette accusation, ce serait non seulement de la folie de votre part, mais à l'heure qu'il est une trahison. Votre projet favori est l'impôt sur le revenu qui, il faut l'avouer, est un moyen très efficace et très simple de remplir un trésor vide; cet impôt est d'ailleurs très juste, car il atteint également toutes les classes de la société, sauf les ouvriers et personne n'y échappe. Tout dépend pourtant de la manière de l'entendre et de l'appliquer. Vous croyez qu'il doit être progressif et vous dites que comme les pauvres sont mis exprès à l'abri de cet impôt à cause de leur pauvreté, de même on devrait le faire peser sur les hommes les plus riches de la nation selon le degré de leur richesse.

Il est impossible de nier la force de cet argument et de ne pas reconnaître la justesse de ce principe. Il n'est guère nouveau. On en trouve des traces dans l'Évangile. Jésus-Christ, dont vous êtes en quelque sorte les continuateurs sans le savoir, le prêcha, il y a plus de dix-huit cents ans, mais la question n'est pas tranchée. Vous admettrez sans doute que le travail des ouvriers dépend d'entreprises qu'ils sont eux-mêmes impuissants à mener à bien faute d'argent et que par conséquent le capital leur est nécessaire, vous serez peut-être

3.

d'accord pour dire qu'il faut autant que possible resserrer les liens entre le patron et l'ouvrier, afin de favoriser leurs intérêts communs. Tout cela n'est que de l'économie politique dans laquelle vous êtes passés maîtres.

Mais l'on prétend que vous avez des intentions hostiles aux capitalistes, que vous voulez leur ruine, que vous faites les plus grands efforts pour leur nuire, que ceux qui ont écouté vos conseils parlent d'organiser la guerre contre eux, on va même jusqu'à dire que des motifs peu honorables vous poussent à agir ainsi et l'on en conclut que vous ne désirez l'impôt sur le revenu qu'afin de mieux les frapper et de les soumettre à des conditions rigoureuses. L'on croit qu'une pareille conduite aurait pour résultat d'appauvrir le pays en obligeant les hommes riches de placer leur argent à l'étranger pour échapper à des impôts trop onéreux.

Ce qui serait favoriser le commerce de nos voisins aux dépens du nôtre et l'on se demande alors en quoi consisterait la supériorité des radicaux sur Louis XIV, ce monarque qui diminua tant les ressources de son royaume par des persécutions imprudentes. C'est ainsi qu'on prend peur de vos mesures et que l'on écarte vos projets.

Votre attitude dans la question de l'Église est à peu près semblable. Vous visez trop haut, vos flèches vont à l'écart et n'atteignent pas le but; il ne vous manque qu'une chose, c'est la modération. Vous redoutez l'ingérence de l'Église dans les affaires de l'État, et vous luttez contre cette tendance qui vous paraît contraire à la liberté. Oh! vous avez raison, mille fois raison. La domination de l'Église est une tyrannie d'autant plus inique qu'elle s'abrite derrière un office sacré et qu'elle s'appuie sur les erreurs de la multitude qu'elle tient dans l'ignorance. Mais combien vos méthodes sont peu proportionnées à la tâche que vous avez entreprise; vous vivez dans un siècle de progrès et de lu-

mières où périssent les mythes, où dispa-
raissent les légendes et où la religion, qui
n'a pour base que les récits peu sûrs du
passé, se sent sérieusement ébranlée. Vou-
lez-vous entreprendre d'en combattre les
excès et d'en corriger les abus ? Vous avez
à votre disposition la science et la critique
historique, armes dont la valeur augmente
de jour en jour.

L'éducation mise à la portée de tout le
monde, l'habitude d'examiner et de peser
les choses si répandue aujourd'hui, un
désir presque audacieux d'expliquer les
plus grands mystères, les recherches des
savants qui font renaître dans des tableaux
saisissants les peuples, les mœurs et les
événements d'autrefois, une disposition à
donner à ces efforts l'accueil qu'ils méri-
tent, un penchant vers le nouveau, tout
tend à détruire les superstitions et à ôter
à la religion ce qui la condamne aux yeux
des personnes chez qui la crainte et le respect n'étouffent pas la raison. Mais toutes
ces influences ne constituent selon vous

ni une protection ni une garantie contre les prétentions de l'Église : vous recourez à d'autres moyens pour la combattre.

Dans le but de limiter son action et de paralyser ses forces, vous pratiquez des persécutions mesquines, vous vous attaquez non seulement au clergé dont vous craignez la puissance, mais à tous ceux qui ont des rapports avec lui, à leurs amis et aux amis de ceux-ci ; vous les poursuivez avec une haine implacable ; vous les excluez rigoureusement de tout emploi sous le gouvernement. Dépendent-ils tant soit peu, dans leur vie privée, de la bienveillance des autorités locales ? Ont-ils une faveur, un service à leur demander ? Vous ne vous lassez pas de faire naître des obstacles à l'accomplissement de leurs désirs innocents et légitimes. Et vous n'en restez pas là ; vous veillez sur la jeunesse que vous désirez rendre athée et qui deviendrait certainement impie et dissolue si on l'abandonnait à vos soins ; vous vous emparez de l'assistance publique et vous

vous en servez pour placer vos protégés;
entre vos mains la charité est chère et les
pauvres y perdent, mais vous ne rougissez
pas de prendre ainsi leur pain et de tirer
profit de leurs malheurs; aux mourants,
vous refusez la consolation de l'espoir qui
adoucit la misère et fait oublier la douleur;
dans votre fureur aveugle, vous cherchez
à anéantir la conscience; la prière qui en
est le soutien principal, vous paraît odieuse.
Vous proscrivez la croix et la Bible; vous
épuisez toutes les ressources de la politique et de l'administration afin de blesser
des populations sincèrement convaincues,
et de leur nuire; en un mot, tout ce que
peut l'ingéniosité stimulée par la haine,
vous l'accomplissez. Mais il se produit
déjà contre vos excès une réaction qui
met en danger le régime dont vous êtes
partisans et si vous persévérez dans cette
politique néfaste, vous verrez grandir de
toutes parts une opposition que vous serez
aussi impuissants à désarmer que vous
avez été irréfléchis à la susciter, car la

France est lasse de ces actes d'intolérance
et d'oppression auxquels vous vous livrez
pour fomenter des querelles entre les
classes et les familles et introduire dans
la vie paisible des bourgs et des villages
les divisions et la discorde. Ah! si l'on
doit choisir entre vous avec vos réformes
impossibles et vos rêves utopiques et cette
Église qui, malgré ses principes faux, ses
histoires fabuleuses et ses desseins ambitieux, ne laisse pas d'élever l'âme de
l'homme et d'exercer sur l'humanité une
influence bienfaisante, alors ceux qui
écoutent plus volontiers les conseils d'un
prêtre que les harangues envenimées d'un
radical ou d'un révolutionnaire, ceux qui
préfèrent la paix aux luttes continuelles
que vous entretenez et ceux qui aiment
mieux hasarder et sacrifier même leurs
libertés que de les voir outragées et vio-
lées, ceux-là n'hésiteront pas à se prononcer contre vous.

Ne voyez-vous pas ainsi que vous com-
promettez par vos violences la meilleure

des causes et la plus juste, et que vous la perdez.

Travaillez donc à contenir la religion et à la modérer et non pas à la supprimer ni à la détruire, et apprenez d'abord vous-mêmes à vous modérer et à vous contenir. Soyez prudents, car je vous le répète, votre tâche est difficile. Vos adversaires sont des hommes avisés; ils répondent à vos attaques par des arguments subtils; du doute, ils font un péché; ils savent cacher sous le respect qu'inspirent les choses saintes une puissance envahissante et une ambition profonde; grâce au principe de l'autorité, qui est presque infaillible lorsqu'il est sagement pratiqué, ils ont pu conserver pendant des siècles l'organisation la plus vaste que le monde ait jamais connue et c'est cette institution si forte et si unie, c'est l'Église catholique, dont les racines se perdent dans les âges, que vous comptez renverser comme un second Jéricho avec des cris et des menaces. Non, si aujourd'hui le christianisme a perdu

quelque chose de cette simplicité et de
cette naïveté qui font son charme, son attrait et sa force, si l'ambition des hommes
l'a transformé en le mêlant aux luttes de
la politique et aux intrigues des cours, s'il
a changé de but et de caractère, s'il menace la liberté et convoite le pouvoir, c'est
en remontant à la source dont il jaillit,
c'est en faisant connaître la parole de celui
qui le créa qu'on pourra rendre au culte
dénaturé toute son innocence et toute sa
pureté. Tracez le récit de la vie simple et
sans faste du fondateur du christianisme,
dépeignez-le tel qu'il était, l'ami du peuple,
l'ennemi du dogme et de la prêtrise, hostile aux riches, sans autre désir que d'a-
méliorer le sort de l'humanité, prêchant
l'abnégation et l'humilité, évitant les
discussions politiques, le pouvoir et la renommée, disant à ses disciples : « Mon
royaume n'est pas de ce monde, » paroles
qui tranchent à tout jamais la question des
rapports de l'Église et de l'État, et qui
condamnaient d'avance ceux qui luttent

pour rétablir le pouvoir temporel du pape;
méditez les leçons de Jésus, car, qu'on le
regarde comme un homme qui a atteint la
divinité ou comme le fils de Dieu qui s'est
fait homme, il n'en reste pas moins le
grand maître de l'enseignement moral et le
guide éternel des âmes tourmentées; péné-
trez-vous de ses idées, de ses vues larges
et généreuses, de ses doctrines toujours
assez générales pour ne pas être étroites,
vous n'y trouverez rien qui soit contraire
au progrès ni à la démocratie; ne dédai-
gnez pas la Bible si votre cause est la liberté, elle vous servira, elle sera votre
soutien, votre appui, fouillez-en les pages,
tirez-en des arguments et montrez d'un
côté le christianisme primitif, fondé sur
l'amour humble, obscur, mais libre; de
l'autre, le catholicisme naissant, basé sur
l'autorité, se renfermant dès son origine
dans les dogmes, étroit et mondain, ambitieux. (Ah! l'ambition, ce péché n'a-t-il
pas perdu et les anges et les hommes?)
Puis faites ressortir les conséquences de

ce changement, de cette déviation, de cette
chute; la religion souillée de crimes et de
massacres, la papauté s'appuyant sur la
diplomatie et sur la force armée et de-
mandez à ceux que vous voulez convertir
à votre manière de voir si c'est là l'Église
de Pierre qui tira son épée pour protéger
son maître ou de Jésus qui lui défendit de
s'en servir. Tracez tous les effets de cette
union du pouvoir temporel et du pouvoir
spirituel et les populations qui se raidissent
aujourd'hui contre vos persécutions écou-
teront vos conseils et vos arguments.

Une question qui depuis quelque temps
a éveillé l'attention du public et qui garde
encore une certaine actualité est celle de
la revision. A un moment donné, tous les
partis la réclamaient et vous avec plus
d'ardeur que les autres, les modérés seuls
formulaient de faibles protestations contre
cet engouement. Les royalistes la voulaient
pour rétablir la royauté; les bonapartistes
et leurs nouveaux alliés, pour offrir la
couronne au chef du parti national; et

vous, afin de réaliser vos rêves démocratiques. Vous prétendiez qu'elle fournirait un remède contre l'instabilité ministérielle, mais, à vrai dire, ce signe de malaise politique n'était qu'un prétexte sous lequel vous cachiez vos desseins ultérieurs. Cela est facile à concevoir lorsqu'on se rend compte de la nature des réformes que vous vous proposez d'entreprendre. L'instabilité ministérielle provient d'une cause unique, les divisions et l'infidélité de la majorité de la Chambre La différence entre vous et les modérés est trop réelle et trop fondamentale pour qu'on puisse échapper aux sinistres conséquences de cette union si vaine et si fragile. Les changements que vous désirez introduire dans la constitution ne feront rien pour la consolider.

Ils sont d'ailleurs eux-mêmes absurdes, chimériques, ils n'ont ni rime ni raison et produiraient des effets tout contraires à ceux que vous en attendez. L'incapacité de la Chambre est un fait tellement évident, ses actes ont été si contradictoires, ses

désirs si variables, ses emportements si
fréquents, que vous-mêmes, vous avez été
obligés de le reconnaître. Mais, dites-vous,
c'est la faute du Sénat, qui n'a donné
jusqu'ici que des preuves de sagesse et de
modération; puis, comme si cette asser-
tion avait quelque chose de trop inattendu,
vous ajoutez : nous ne sommes pas assez
démocrates, la symétrie manque à notre
constitution, organisons-la selon nos principes, elle répondra à tous nos souhaits.
Et quels sont vos principes ? Ne risquez-
vous pas de les transformer en les exagérant. Vous avez la manie de la repré-
sentaton; rien n'est assez représentatif
pour vous, et sous ce rapport le Sénat
laisse à désirer; vous voudriez qu'il fût
élu par le suffrage universel. Il n'y a
qu'une objection à cela : c'est que ce ne
serait plus le Sénat, ce serait une seconde
Chambre rivale et ennemie de la première.
Ainsi la nation s'impatiente des agissements de la Chambre et se dégoûte du
système parlementaire, et pour remédier à

cette situation, vous l'engagez à transformer le Sénat en Chambre. Il est vrai qu'on
guérit parfois certaines maladies en exci-
tant chez le malade des symptômes ana-
logues; mais de tels expédients, rares en
médecine, ne sont pas encore passés dans
la politique. Ah! que vous êtes des hommes
de gouvernement étonnants, et à quelles
erreurs et à quelles bévues conduisent les
principes! Essayez seulement de vous
figurer quelle serait l'existence de deux
Chambres qui dépendraient également du
suffrage universel, ayant la même origine
et par conséquent les mêmes droits et les
mêmes fonctions, subissant les mêmes
influences, en proie aux mêmes faiblesses,
exposées aux mêmes dangers, ne pouvant
faire un pas l'une sans l'autre, égales
mais incapables, unies comme les frères
siamois dans leur impuissance. Ne vaut-il
pas mieux laisser de telles créations à la
nature, qui d'ailleurs n'en est pas prodigue.
Que doit-on penser d'un parti qui se plaît
à des idées aussi fantaisistes et aussi bis-

cornues ? Quel est le sort que mériterait la
nation si elle vous permettait d'entreprendre des expériences pareilles, et de faire
ainsi de la conduite de ses destinées un
jeu frivole ? Mais il faut vous rendre justice ; vous avez, pour tirer la France de
l'embarras où elle est, un autre moyen
qui n'est pourtant guère plus sensé. Il
consiste à supprimer le Sénat, sans plus
attendre, sans le faire passer par aucune période de transition ou d'extinction. Cette
suppression soudaine, immédiate, convient
à votre caractère et à votre manière
d'agir habituelle ; elle est radicale ; elle
coupe le mal dans sa racine, si, bien
entendu, le Sénat est le mal. Mais êtes-
vous dans le vrai en attribuant à cette assemblée de si graves défauts et en refu-
sant de croire à son utilité ? L'expérience
et l'exemple de la plupart des pays où
l'on pratique le gouvernement parlementaire a en quelque sorte consacré l'institution d'une Chambre haute. En Amérique, elle jouit d'une réputation bien su-

périeure à celle de la Chambre des représentants. En Angleterre, quoique foncièrement aristocratique, elle n'excite que fort peu d'opposition ; partout, l'on en reconnaît l'importance. Il faut donc des arguments très sérieux pour motiver son abolition. En avez-vous? Ce qui vous pousse, ce me semble, à vouloir mutiler la constitution est moins la raison qu'une idée exagérée, qu'une infatuation. Vous regardez le Sénat comme un obstacle à l'accomplissement des désirs de la démocratie. Pour vous, légiférer n'est pas autre chose que de réaliser ses désirs. « Le peuple le veut », cette phrase suffit pour justifier toutes les mesures et taire toutes les remontrances. L'idée ne vous vient jamais que ce peuple ne sache ce qu'il veut ou qu'il veuille des choses impossibles. Vous êtes ses interprètes ou vous croyez les être, et vous êtes pressés d'agir en son nom. Vous n'admettez pas qu'il puisse se tromper ou se laisser entraîner, qu'il ait besoin de guide, que ses demandes soient parfois exagérées, irréfléchies ou contradictoires ; qu'on doive les soumettre à un examen rigoureux ou s'y opposer. Cela vous parait peu nécessaire. Vous avez votre dogme d'infaillibilité aussi bien que les catholiques. Tout ce qui constitue une garantie, une protection, un frein, une barrière contre les entraînements des masses et la frénésie de la populace, vous le rejetez avec mépris. Votre constitution est sans digue ni rempart. Vous ne réfléchissez pas que, pour être son maître, le peuple doit pouvoir se maîtriser et se contenir ; que l'opinion publique est comme l'Océan, tantôt agitée, tantôt calme, une force latente qu'il faut craindre et surveiller, de peur qu'excitée par le souffle du génie et de l'éloquence, et franchissant les bornes que la raison lui impose, elle ne dépasse son but.

Mais, direz-vous, le Sénat n'a pas de raison d'être, il est impossible d'en présenter une défense logique. C'est en cela que vous avez tort ; discutons la question. L'on sen-

tit le besoin d'une Chambre haute avant
de songer à une Chambre populaire. Le
Sénat romain, qui accomplit de si grandes
choses, le Wittenagemot des Anglo-Saxons
n'étaient qu'à un très faible degré repré-
sentatifs; et si l'humanité, qui, à l'époque
la plus reculée de la civilisation, choisit
cette forme de gouvernement, l'a conser-
vée depuis, elle est bien loin d'avoir agi
en aveugle. Cette institution repose sur
une connaissance très approfondie de la
nature humaine, connaissance qui vous
manque. Comme une nation n'est en vérité qu'un ensemble composé d'éléments
nombreux et variés, mais tous se rappro-
chant d'un même type, comme d'ailleurs
le nombre tend à exagérer les défauts des
individus aussi bien que leurs vertus, il
s'ensuit que tous les traits caractéristiques
de l'homme en général, d'où naissent ses
besoins moraux et politiques, doivent, à
une ou deux exceptions près, se retrou-
ver dans les institutions qu'un peuple se
donne. Telle est la constitution représen-

tative idéale. La vôtre n'est que celle des désirs, des passions et des emportements. Certaines personnes, il est vrai, faussent les principes que nous venons de poser, en les exagérant; elles disent que l'on doit adapter les institutions aux idiosyncrasies d'une nation; s'il en était ainsi, ce serait la condamner à souffrir éternellement de ses défauts, qui pourraient être ceux qui rendent le gouvernement difficile, sinon impossible. Ici, au contraire, il faut abstraire et idéaliser. Or, vous admettez que pour bien vivre un homme doit soumettre ses actes à sa conscience, ses pensées à son jugement; de même, un peuple a besoin d'élever une barrière contre ses excès. Cette barrière, c'est le Sénat. Il n'y a qu'un cas où cette institution n'aurait pas de raison d'être, c'est si l'on trouvait une nation absolument dénuée de conscience et de raison; gardez-vous donc de vous faire passer pour des hommes peu raisonnables en demandant sa suppression. Ayant ainsi déterminé le rôle que

doit jouer le Sénat dans la constitution,
il est plus facile d'établir la nature de sa
composition. Il devrait se composer de
certains généraux et de certains amiraux
en retraite à qui leur grade ou leurs services conféreraient la dignité de sénateur,
de ceux qui auraient rempli pendant plusieurs années les fonctions de ministre,
de juge, de gouverneur des colonies, ou
quelque poste important dans le gouvernement. Soixante sénateurs seraient nommés par leurs collègues, à peu près cent
cinquante seraient élus par les assemblées locales, ce qui empêcherait le Sénat d'avoir un caractère trop spécialiste;
la durée du mandat de ces derniers serait de douze à quinze ans; les autres
seraient nommés pour la vie. Le nombre
total des sénateurs ne doit jamais dépasser trois cents. Les traits les plus sail-
lants de cette assemblée seraient l'indépendance, la sagesse et l'autorité. Il est
absurde de prétendre qu'une assemblée
populaire possède ces qualités dans une

mesure suffisante pour bien s'acquitter de
la tâche et des fonctions qui appartien-
nent au Sénat. La Chambre s'est montrée
maintes fois, depuis quelques années, dé-
pourvue de toute autorité et en proie aux
plus grandes excitations et à la crainte.
Elle est revenue à plusieurs reprises sur
ses intentions et a condamné un jour ses
résolutions de la veille. Une assemblée populaire est pour ainsi dire le cœur d'une
nation : elle ressent les plus légers mouvements du corps électoral, elle saisit ses
besoins, elle reflète ses idées et jusqu'à
ses fantaisies, elle reçoit l'impression de
ses désirs de toute espèce et les traduit en
demandes et en projets, elle est également
le siège de ses émotions, c'est là que se
livrent les luttes de la politique qui constitue la vie d'un peuple, c'est là que se
heurtent les uns contre les autres dans
un choc perpétuel les passions et les intérêts contraires. Ce qui distingue cette
assemblée du Sénat c'est son impression-
nabilité excessive. Il est donc évident

que seule elle ne saurait faire des lois ni bonnes ni sages. D'ailleurs si dans la pratique de la loi on a cru devoir protéger le public contre les erreurs des juges à qui le temps et le calme ne manquent pas pour réfléchir, a-t-on moins besoin dans la préparation des lois de se garder des décisions rapides et des jugements irréfléchis d'une assemblée appelée à délibérer au milieu des débats tumultueux? A quoi sert-il de bien appliquer de mauvaises lois? La suppression du Sénat ne justifierait-elle pas l'abolition de la Cour de cassation? Car de ces deux régulateurs politique et judiciaire, l'un n'est pas moins nécessaire que l'autre; et l'on peut d'autant mieux comparer ces deux institutions que les arguments dont on se sert dans le but de réformer de fond en comble la constitution en vue de donner au peuple un pouvoir législatif plus immédiat conduiraient également à une sorte de justice populaire qui serait certainement préférable à la législation purement populaire.

La propagande active en faveur du referendum à laquelle vous vous livrez est une nouvelle preuve de l'importance exagérée que vous attribuez à la volonté nationale. A vous en croire, une nation n'a qu'à exprimer des désirs pour faire de bonnes lois ; elle n'a qu'à vouloir pour bien gouverner. Certes, la volonté d'un homme peut franchir bien des obstacles ; celle de plusieurs est une puissance encore plus grande et plus formidable ; mais elle ne peut ni chez l'individu, ni chez la multitude remplacer les facultés morales et intellectuelles qui doivent servir de base même aux gouvernements despotiques, et à plus forte raison aux régimes démocratiques. Car ceux-ci cherchent un appui dans les principes qui ne valent qu'à la condition de se faire contrepoids les uns aux autres. Mais on n'a pas besoin de recourir aux arguments généraux afin de combattre le referendum. Il suffit d'examiner sa manière de fonctionner pour en démontrer les défauts et faire ressortir son caractère antilibéral. Quels sont les résultats que vous en attendez? Y avez-vous songé? Dans quel but désirez-vous l'établir? Est-ce afin de rendre le pays plus maître de ses destinées? Auriez-vous donc peur de voir le Parlement pousser trop loin dans la voie des réformes, vous radicaux, qui parlez d'abolir le Sénat comme un frein inutile que la démocratie s'est donné? Chercheriez-vous à réprimer l'ardeur de la Chambre? Seriez-vous devenus à ce point conservateurs? Vous ne vous en doutez pas; mais il n'en est pas moins vrai que ce que vous proposez est du *conservatisme* de la pire espèce. Une armée qui ferait halte à chaque étape pour considérer les décisions de ses chefs et peut-être pour les annuler ne remporterait que peu de victoires; la démocratie, si elle cherche à prendre une part trop active dans la législation, finira certainement par compromettre sa cause. On a beau dire qu'une armée et une nation se ressemblent peu, le rapport qui existe entre elles justifie

pleinement la conclusion que j'en tire :
toutes les deux ont des chefs avérés, par
qui elles se laissent conduire et au joug
desquels elles sont forcément soumises.
S'il en était autrement, il y a longtemps
que la France aurait mis fin aux querelles
de partis qui la ruinent et la déshonorent.
Dans un cas, c'est un général et son état-
major qui détiennent le pouvoir; dans
l'autre, il se trouve entre les mains de la
partie la plus nombreuse ou la plus active
de l'aristocratie intellectuelle du pays. Cette
soumission est aussi naturelle qu'inévi-
table, elle marque les limites infranchissables de la démocratie. Le plus grand
malheur qui puisse arriver à un peuple,
c'est de voir les hommes les plus intelli-
gents et les plus compétents abandonner
par faiblesse ou par dégoût la direction
des affaires publiques aux ignorants et
aux enthousiastes. Qu'une Chambre com-
posée des membres les plus influents et
les plus distingués de la nation ait besoin
d'un frein, on ne saurait le nier, puisqu'il

se peut qu'elle soit entraînée par la passion ou l'intérêt; mais il ne s'ensuit pas que ce frein doive être la masse des électeurs; car ceux-ci se trouvent en proie aux influences qu'ils sont appelés à combattre. Un Sénat sage et indépendant peut seul atteindre ce but. D'ailleurs, avez-vous réfléchi aux conséquences de l'application du referendum? Vous semblez croire que vous n'avez qu'à l'établir, et qu'alors il fonctionnera tout seul, que les électeurs n'auront besoin ni de conseils, ni d'explications, ni d'éclaircissements pour les aider à se prononcer sur les mesures qu'on leur propose; qu'ils saisiront d'emblée tous les arguments pour et contre, qu'ils les comprendront par intuition, enfin que juger des lois n'est pas plus difficile que d'acheter des pommes ou des cerises. Si vous n'envisagiez point la question de cette manière, elle ne vous paraîtrait pas aussi simple, elle soulèverait des doutes dans votre esprit; vous vous demanderiez si les désavantages du referendum n'égalent

pas ses avantages; vous remarqueriez que
ceux-ci sont quelque peu illusoires ; vous
vous apercevriez qu'en voulant le mettre
en pratique vous augmenteriez démesuré-
ment le travail des députés, qui seraient
obligés de défendre leurs projets devant
leurs électeurs après les avoir soutenus à
la Chambre; ce serait aussi imposer au
public une tâche dont il ne s'acquitterait
pas toujours à souhait. Il se lasserait vite
d'approfondir les mesures qu'on lui sou-
mettrait, et les jugerait d'après leurs titres
ou d'après les opinions exprimées par les
journalistes ou par les orateurs en tournée. S'il n'en comprenait pas assez la nature, il les rejetterait par méfiance. Ainsi
les lois les plus utiles seraient souvent sa-
crifiées et les efforts des législateurs rendus vains. Certes, si l'on ne soumettait au
public que les mesures les plus importantes, ce serait atténuer le mal; mais
pourquoi le faire naître? Pourquoi enrayer
ainsi le progrès? Vous admettrez sans
doute qu'un principe qui vous transforme

malgré vous en réactionnaires est un principe faux ou du moins exagéré, et reconnaître cette vérité, c'est condamner le referendum, dont le caractère restrictif et antilibéral est incontestable.

D'où viennent donc tant d'exagérations et tant de contradictions dans votre système politique ? Elles ont pour cause et vos idées et votre caractère. Jusqu'à quel point pourra-t-on modifier celui-ci et changer celles-là est un problème difficile à résoudre. Vos erreurs principales proviennent de votre habitude d'exagérer les principes et de les appliquer à tort et à travers sans connaissance de cause. Il y a aujourd'hui un siècle que la France passait de la nuit obscure de la tyrannie au grand jour éclatant de la liberté : les espérances, les désirs, les ambitions, tout naissait et s'épanouissait avec la rapidité d'un été polaire ; mais ce changement fut trop brusque pour les hommes de cette époque ; le demi-jour leur manqua, ce soleil de midi leur éblouit trop les yeux. C'est leur sang qui coule dans vos veines, vous êtes héritiers de leurs faiblesses, vous voyez le rouge, vous voyez le bleu et le vert, mais vous êtes impuissants à distinguer les nuances de ces couleurs.

Vous avez une idée vague et générale des principes, une connaissance rudimentaire; mais vous ne savez ni les manier, ni les combiner; vous suivez en aveugles celui de votre prédilection et vous en faites un dogme, vous êtes intransigeants; vos doctrines ont un caractère rigide et inflexible qui est la cause de l'insuccès de vos projets, elles vous conduisent au désastre. Les principes sont comme les petits sentiers des pays montagneux qui subissent à chaque instant des courbes et des inflexions, s'allongent les uns à côté des autres, se mêlent, se croisent et se perdent dans l'herbe et la bruyère quand on les suit jusqu'au bout, ou se terminent par un abîme. Mais à quels principes ajoutez-vous croyance? Serait-ce par hasard à l'égalité? Et à quelle égalité? A l'égalité

devant la loi peut-être, qui en est la forme
la plus tangible? Vous y croyez sans doute,
parce qu'on a aboli les différences et les
privilèges qui séparaient les trois Ordres
et qu'aujourd'hui on regarde ce fait comme
un des triomphes de la Révolution; vous
pensez avoir au moins en cela atteint l'i-
déal. Baste! erreur fatale d'esprits médio-
cres! Preuve insigne de l'aveuglement des
hommes! Cet idéal ne se réalisera que
quand les anges descendront sur la terre
pour rédiger nos statuts et nous servir de
juges. Les œuvres de l'humanité portent
les marques de son imperfection. Que signifie l'égalité devant la loi? La loi elle-
même est inégale, ses peines et ses puni-
tions le sont; si elles ne l'étaient pas, cette
égalité serait l'inégalité la plus atroce; cette
justice, l'injustice la plus inique. Écoutez
une parabole. Deux hommes volent du
pain; l'un, poussé par la faim, se résout à
cet acte pour soutenir ses forces défail-
lantes; l'autre succombe à la tentation de
s'emparer du bien de son voisin. Ils pa-

raissent devant le même juge qui, après
avoir entendu les détails de l'affaire, les
condamne à des peines presque semblables. Que vous semble-t-il de cette justice? Quel sentiment vous inspire-t-elle?
Est-ce là votre idéal d'équité et de recti-
tude? Je ne doute pas de votre manière
d'envisager la question, et je crois l'interpréter en disant que si un Dieu tout-puis-
sant sévissait de cette façon contre cet
affamé ce serait le mettre entre le suicide
et le vol et le punir, parce que des deux
crimes il en aurait choisi le moins grand.
Si le Créateur jugeait ainsi les hommes,
ce serait un Dieu colérique et vengeur.
Eh bien! cette justice est pourtant la vôtre.
Elle est la conséquence de toutes vos
théories, elle en serait le résultat si vous
arriviez à les mettre en pratique. C'est
l'égalité rendue absolue comme vous la
voulez; c'est la similitude et non la véritable égalité. Ainsi, vous voyez que l'inégalité est une partie aussi essentielle de
la loi que l'égalité même. Soyez donc

convaincus que si l'on a été contraint de
la codifier en laissant aux juges une certaine indépendance et une certaine lati-
tude de jugement, vous ne réussirez pas
malgré tous vos efforts à la bannir ni de
la société, ni de la politique. Ne comprenez-
vous pas que celle-ci est un compromis
éternel entre les différentes classes de la
nation auxquelles les représentants de-
vraient, tout en sauvegardant les intérêts
de leurs électeurs, servir d'intermédiaires
et d'arbitres. Cessez donc, ô radicaux, de
vouloir appliquer à la situation des remèdes pires que les maux dont nous souf-
frons ; cessez de réclamer des réformes
impossibles à réaliser ; modérez votre ardeur, pesez vos opinions et cherchez à les
baser sur des connaissances plus réelles ;
n'oubliez pas que les principes sont une
source aussi fertile en erreurs qu'en effets
heureux et que l'application en est difficile. Soyez moins ardents dans vos
croyances, moins extrêmes dans vos idées,
moins étroits dans votre manière de voir,

moins absolus, moins intransigeants, mions intolérants, moins dogmatiques; tous vos défauts sont également ceux des catholiques fervents, il ne vous manque que la foi pour que vous soyez les partisans dévoués et les serviteurs fidèles de Sa Sainteté le Pape.

AUX MONARCHISTES

Partisans de la monarchie, quel est votre programme? Quel est votre système politique? Quelle est votre cause? On peut répondre à ces trois questions par un mot, c'est le Roi! Comme les grenouilles de la fable, vous ne cessez pas d'adresser au ciel vos plaintes et vos demandes. Chaque jour d'une voix implorante vous criez : « Jupiter, grand Jupiter, donnez-nous un roi. » Selon l'opinion de quelques-uns d'entre vous, le pouvoir du souverain dérive directement de Dieu; de là ces inventions de la royauté cherchant à consacrer et à perpétuer sa tyrannie, le droit divin et le légitimisme, principes dont on s'est écarté à l'époque même où l'influence des prêtres dans le gouvernement dominait toutes les autres, et où l'on retrouvait partout les traces de la main de Jéhovah, témoin David, l'héritier de Saül, et les événements de sa carrière. Mais si vous êtes sans programme, votre chef, votre maître en a un. Il a bien voulu vous en faire part dans les instructions qu'il vous a envoyées du lieu de son exil au mois de septembre 1887. Ce document, quoique sous bien des rapports vague et incomplet, nous permet d'entrevoir la monarchie telle qu'il la rêve, et de prédire d'une manière générale les conséquences de son établissement. Examinons donc les changements qu'on désire apporter au système actuel, afin de savoir si ce sont des réformes utiles ou illusoires. « Grâce à son origine antique et à son établissement nouveau, nous dit l'auteur de cette constitution, la monarchie sera assez forte pour concilier la pratique du suffrage universel avec les garanties d'ordre que lui demandera le

pays, dégoûté du parlementarisme républicain. » Passe pour la puissance miracu-
leuse de cette origine antique, passe aussi
pour les effets heureux de cet établissement nouveau qui ne sera à la portée de
la critique que le jour où il se réalisera !
Constatez seulement que celui que vous
servez regarde, à son grand regret peut-
être, le suffrage universel comme un fait
accompli sur lequel il serait téméraire de
revenir. Que ce soit là également votre
manière de voir, je n'oserais l'affirmer ;
il est de ces hommes qui sont plus royalistes que le roi. Cependant, je ne doute pas
qu'en sujets obéissants vous ne vous in-
cliniez devant l'opinion si formellement
exprimée de votre prince.

Les députés seront donc élus par le
suffrage universel. La base de la constitution sera démocratique ; mais si la composition de la Chambre ne doit subir aucun
changement, il n'en est pas de même de
ses attributions et de ses pouvoirs. Son
omnipotence nuit, paraît-il, à son utilité.

5.

Désormais elle sera contrainte de jouer un rôle plus modeste dans la direction des affaires du pays.

Les ministres ne sortiront plus de son sein, ils ne seront plus à la merci de ses caprices; de simples accidents parlementaires ne pourront pas mettre un terme à leur carrière ni entraver leurs efforts. Responsables devant les trois pouvoirs : le roi, le Sénat et la Chambre, ils échapperont ainsi au joug d'un seul et éviteront en même temps les crises et les péripéties de la vie législative. Malheureusement cet arrangement n'a qu'un défaut.

Il n'est guère pratique. Il est à croire que les sénateurs se montreraient moins disposés à renverser le gouvernement que les députés, quoiqu'ils ne partagent pas toujours les opinions de ces derniers; de sorte qu'il semblerait à première vue qu'on eût trouvé la solution de ce problème si difficile à résoudre : la stabilité ministérielle.

Les ministres n'auraient qu'à s'appuyer

tantôt sur la majorité de la Chambre, tantôt sur celle du Sénat, pour se maintenir au pouvoir.

Il existe, on le sait, entre ces assemblés une hostilité latente et naturelle qu'il serait absurde de vouloir faire disparaître entièrement. Je suppose qu'un président du Conseil fort habile réussisse pendant quelques années, à force d'intrigues et de promesses, à tirer parti de cet état de choses et à concilier ces deux forces contraires ou à les neutraliser en les opposant prudemment l'une à l'autre.

Que serait-ce donc que ce genre de responsabilité, sinon l'irresponsabilité la plus complète et d'autant plus dangereuse qu'elle serait déguisée ? Qu'une autre supposition me soit permise. Je prends cette fois le cas d'un ministre maladroit qui ne saurait pas ménager les susceptibilités des sénateurs et des députés et qui, au lieu de les apaiser et de calmer leurs passions, susciterait entre eux des discussions et des luttes. Vous pouvez juger de l'aigreur

que ferait naître une telle situation par
l'impatience que témoignent les radicaux
lorsqu'ils sont obligés de se soumettre
aux décisions du Sénat ; et n'oubliez
pas que jusqu'ici les causes de dispute
n'ont été que des mesures plus ou moins
faciles à modifier, que dans la question du
renversement d'un ministère aucune transaction n'est possible, et qu'elle se présente
le plus souvent au moment de crise et
d'agitation.

D'ailleurs, je vous le demande, quelle
serait la position d'un ministère que condamnerait la Chambre et que soutiendrait
le Sénat ? Ainsi, vous le voyez, de deux
choses l'une : ou cette méthode de résoudre
le problème de la stabilité ministérielle
aboutirait au gouvernement arbitraire, ou
bien elle affaiblirait la constitution en éveil-
lant l'hostilité des divers pouvoirs dont
elle se compose et en imposant aux ministres la tâche impossible de servir deux
maîtres. Cette manière de gouverner fournirait d'excellentes scènes de comédie; on

pourrait même la comparer aux tours qu'exécutent des héros équestres lorsque, montés sur deux coursiers fringants, ils parcourent une arène. Mais que celui qui aspire à guider les destinées de la France en ait fait une proposition sérieuse et un article de sa constitution, voilà ce qui est incroyable.

On se demande d'où les ministres tireraient leur autorité. S'ils relevaient de la majorité de la Chambre et s'appuyaient sur elle, on aurait raison de les regarder comme les chefs politiques de la nation, et le gouvernement serait essentiellement démocratique. Si, au contraire, le roi les choisissait hostiles à cette majorité et les nommait, ils seraient ses serviteurs, et l'on aurait le gouvernement personnel, qui est la négation même de la démocratie. La différence qui existe entre ces deux manières de gouverner est si profonde qu'on est curieux de savoir laquelle des deux préfère votre prince.

L'exposé de ses théories nous renseigne sur ce point. « La royauté, dit-il, ayant ses ministres pour interprètes, sera éclairée, guidée, mais non asservie; » puis : « Sous la monarchie, le roi gouvernera avec le concours des Chambres. »

C'est clair, c'est suffisant. Il a opté pour le système arbitraire. Il ne laissera pas aux Français la libre direction de leurs affaires, il les gouvernera, lui et ses aides. Il prendra ses conseillers où il voudra, sans consulter la nation. De vieux monarchistes entêtés, des nobles ambitieux, des duchesses intrigantes, des courtisans assidus, des prêtres d'un abord facile et onctueux, des jésuites avisés, tous rivaliseront dans leur désir d'exercer sur le monarque une influence prépondérante et de faire pencher sa politique du côté de leurs préjugés et de leurs intérêts. Ils décideront du choix des ministres. Ils écraseront dans l'œuf tout projet libéral. Tous leurs efforts auront pour but la réaction.

Par quel moyen votre roi se soustraira-t-il à cette influence néfaste? Qu'on dise

de lui tout le bien qu'on voudra, on ne son-
gera jamais à lui attribuer la volonté et le
génie d'un Napoléon ou d'un Henri IV,
qui seuls pourraient, en de telles circonstances, assurer leur indépendance. La
France, hélas ! a éprouvé pendant les
vingt dernières années bien des malheurs
et elle a couru de grands risques ; aujour-
d'hui même, elle ne voit pas la fin de ses
maux ; mais, quels que soient les dangers
qui la menacent, quelque grave que soit
la situation où elle se trouve, elle ne se
laissera pas décourager au point d'abandonner entre les mains d'une cabale de
cour ses libertés et ses droits les plus précieux.

La responsabilité des ministres envers
les représentants de la nation est de l'essence même du gouvernement populaire ;
que, par raison de l'état anormal de la politique étrangère, on se décide à soustraire
pour un temps les ministres de la guerre
et de la marine à cette surveillance salutaire, le principe n'en sera pas affaibli ;

décréter l'irresponsabilité de tous les ministres, ce serait l'anéantir.

Il se trouve, dans les instructions que vous avez reçues, un passage que vous pourriez être disposés à regarder comme une concession à l'esprit démocratique du siècle, mais qui, en réalité, n'atténue que fort peu le caractère arbitraire du pouvoir qu'on veut établir. Aux élus de la nation reviendra la tâche de discuter librement toutes les questions qui intéressent le pays et d'écouter les protestations que pourra soulever l'action gouvernementale. Si ces protestations sont légitimes, ils en seront les premiers interprètes et l'adhésion de l'autre assemblée ne leur fera pas défaut. C'est très généreux, c'est très libéral.

Cependant, qui sera le juge de ces protestations et qui entreprendra de les traduire en actes ? Le monarque aura-t-il toujours le courage de renvoyer un ministre de son choix qui se serait montré incapable et qui déplairait à la Chambre ou aux électeurs ? Ne serait-ce pas accepter lui-même un vote de blâme, puisqu'il considère ses fonctions comme celles d'un chef de gouvernement.

Vous vous rappelez avec quelle ténacité aveugle la royauté de 1815 et celle de 1830 s'opposèrent aux réformes libérales, par quels expédients elles essayèrent vainement d'enrayer le progrès ; l'exemple du ministère Polignac est encore présent à votre esprit. Vous savez que l'attachement de Louis-Philippe à son ministre Guizot lui coûta sa couronne. Quelles garanties pouvez-vous nous donner que de pareilles expériences ne se renouvelleront pas? La parole d'un prince? C'est peu de chose.

David, qui ne peut guère être soupçonné de tendances démocratiques, avertit l'humanité de ne pas s'y fier. Le passé ne justifie-t-il pas les précautions que l'on voudrait prendre afin de se garder de la faiblesse et de la duplicité d'un monarque dont dépendraient le sort et le bonheur de millions de citoyens? N'explique-t-il pas les craintes et les doutes qu'on a à son

égard ? Le caractère intime de la royauté
est-il tellement changé qu'on puisse aujourd'hui envisager son rétablissement
avec confiance ? Ses intentions sont-elles
plus libérales, ses sentiments plus généreux, ses idées plus larges ? Tout porte à
croire que la monarchie, si elle renaissait
demain, ne différerait guère de celles qui
l'ont précédée ; elle serait ce qu'elles ont
été. Le roi personnifierait le pouvoir et
essayerait, par tous les moyens, de le concentrer entre ses mains ; il regarderait les
électeurs comme ses sujets, les lois comme
des faveurs qu'il leur accorderait, et ses
ministres comme les interprètes de sa manière de voir et de ses désirs. Les députés
recevraient de lui les marques de complai-
sance et de bienveillance que leur vaudrait
encore leur influence amoindrie.

Si vous pensez que la capacité et l'intelligence de votre chef lui permettront de
bien gouverner le pays, il suffit de relire
attentivement l'exposé de ses principes
pour vous convaincre que le contraire est

vrai. Prenez, par exemple, la question de la composition du Sénat. La majorité des sénateurs seront élus, par qui et comment? On ne vous l'apprend pas. Ils devront représenter les grandes forces et les grands intérêts sociaux. Il est impossible de baser un argument sérieux sur une donnée aussi incomplète. Une question qui est étroitement liée à l'élection des sénateurs est celle de la durée de leur mandat. Si, au bout de quelques années, ils étaient obligés de songer à leur réélection, ils ressembleraient trop aux députés pour que leur pouvoir séparé fût justifié. Ce que peut bien être l'opinion du prétendant sur ce point important ou s'il en a une, je l'ignore. Quant à cette représentation spéciale, c'est ce qui est encore plus vague. Que veulent dire ces mots, les grandes forces et les grands intérêts sociaux; on ne saurait nier qu'à l'heure qu'il est, le conseil municipal de Paris est une force infiniment plus puissante que, par exemple, l'Académie française. Une ha-

rangue révolutionnaire de M. Joffrin produit bien autant d'effet sur la masse des
électeurs que le discours le plus profond
et le plus spirituel de M. Renan. Évidem-
ment il faudrait trier les forces sociales.
Et les intérêts dont on nous parle, en quoi
consisteraient-ils ? Seraient-ils ceux de la
peinture, de la sculpture, de la littérature,
de la musique, de l'agriculture, du capital
et surtout du travail, puisque dans ce
siècle matériel l'industrie l'emporte sur
les lettres ? Sous la République, on n'a
que des députés ouvriers ; sous la monarchie, on aura des sénateurs ouvriers. Quel progrès ! car celui qui s'ap-
pelle le roi de tous ne saurait certainement
favoriser quelques intérêts aux dépens
des autres. Mais vous savez qu'il n'a pas
l'intention de faire à ce point le jeu des radicaux. Il faut donc reconnaître que ses
principes sont faux et que son système
est peu pratique. Introduire dans la composition du Sénat les représentants des
divers intérêts sociaux, c'est méconnaître

le caractère essentiel de cette assemblée.
Nul intérêt ne doit s'y trouver représenté,
que celui de la patrie et de la justice ; on
y a besoin d'hommes éclairés, d'hommes
indépendants, et non pas d'hommes intéressés.

La question financière sera tranchée
d'une manière fort simple. Le budget, au
lieu d'être voté chaque année, sera établi
d'une manière fixe. On ôtera aux représentants de la nation jusqu'au droit de
faire des économies. Le gouvernement
seul pourra proposer des modifications
qui seront d'abord soumises à l'approbation des deux Chambres. C'est là une garantie qui n'est pas à dédaigner, d'autant
plus qu'elle arrêterait dans une certaine
mesure le gaspillage des fonds nationaux
dont les députés se servent pour acheter
des votes. Compenserait-elle le sacrifice
qu'on ferait de l'initiative dans la gestion
financière? C'est ce qui demande un peu
de réflexion. La puissance d'un monarque
et de ministres qui ne dépendraient pas de

la Chambre pour subvenir aux frais de l'administration serait, en effet, formidable. Aux époques où éclaterait un mécontentement général, ils pourraient se passer de toute coopération dans le gouvernement, jusqu'à ce que, par une diversion quelconque, ils eussent reconquis leur popularité. Accorder ou refuser les sommes que nécessite la bonne gestion des affaires publiques est le droit imprescriptible des peuples. Convient-il au premier serviteur de la France de transformer cette marque de confiance, souvent difficile à obtenir, en une loi immuable ? La liberté n'en serait-elle pas lésée? Qu'en pensez-vous? Vous avez beau répondre que le budget ayant été une fois établi, l'on n'aura plus besoin de faire appel à l'assentiment des députés. La situation changera. Ce qui est juste aujourd'hui ne le sera pas demain, et toute réforme financière vraiment populaire deviendra impossible.

La tâche qui vous incombe n'est pas, comme l'on aurait pu le supposer, de ren-

seigner la royauté sur les opinions et les
besoins de la nation, mais, au contraire,
de communiquer à celle-ci les décisions et
les intentions de celle-là. Ainsi vous en-
gagerez les électeurs à ne point douter du
triomphe définitif et prochain de la monarchie. Vous leur persuaderez que rien ne
sera plus facile que cette restauration.
Vous vous servirez des arguments les plus
audacieux et les plus entraînants pour le
leur prouver. A vous en croire, la période
de transition sera des plus paisibles et des
plus courtes, tout s'effectuera dans le
calme, l'ordre ne sera pas troublé, les rues
demeureront tranquilles, les bourgeois
pourront dormir sur les deux oreilles, aucune manifestation ne sera à craindre. Ni
obstacle matériel, ni lacune dans les lois
constitutionnelles n'empêcheront la monarchie de devenir le gouvernement paci-
fique et légal du pays. Pas un fonctionnaire ne sera renvoyé ; cependant les serviteurs fidèles de la royauté auront leur
récompense : c'est promettre la lune et les

étoiles, mais peu importe. Quand le jour de son retour sera venu, le prétendant apparaîtra sans armée comme un Lohengrin mystique et légendaire, traîné par des cygnes invisibles. A son approche, les bonapartistes prendront la fuite, les boulangistes se disperseront, les républicains se soumettront et les radicaux s'agenouilleront devant le roi de tous ; l'on n'aura qu'à l'acclamer, à agiter les mouchoirs en signe de respect et de dévouement et à crier « vive le roi ». Il sauvera la France, mais à une condition, c'est qu'on ne lui parle jamais du parchemin qu'il porte à la main. Sur ce point, la curiosité est fatale ; si l'on est assez indiscret pour entamer ce sujet, la confiance qu'il inspire se dissipera aussi rapidement que l'hostilité de ses ennemis. Comme Samson privé de sa chevelure, il ne sera plus que la victime impuissante de ses adversaires nombreux. Quel est donc ce rouleau dont le charme peut devenir un si grand danger? C'est, s'il vous plaît, un pacte fort ancien, conclu,

affirme-t-on, entre la famille capétienne
et la France primitive. En se donnant un
peu de peine, l'on arrivera à déchiffrer
sur le vélin usé le nom de Hugues Capet,
fondateur de cette maison. Les modifications que ce document a subies, les changements de toute sorte par lesquels il a
passé, les risques qu'il a courus, les mains
qui se le sont transmis, tout cela est une
histoire trop longue pour la raconter ici.
La seule chose que nous sachions, c'est
que votre chef compte en faire un marche-
pied pour monter sur le trône. Peut-être
en exagère-t-il la valeur. Il avoue qu'après
tant de révolutions il est nécessaire de re-
nouveler ce traité antique, car il se sou-
vient sans doute que son ancêtre même,
duquel il aspire à hériter, l'a violé. Mais la
tradition est une partie essentielle de son
système de gouvernement ; elle est, paraît-il, l'élément pondérateur qui manque
à notre société moderne et démocratique.
L'on en loue la souplesse merveilleuse et
l'on se propose de s'en servir pour étayer

une constitution et un régime. Mais cette souplesse n'est pas autre chose que de la faiblesse, et mieux vaudrait admettre cette vérité que de la cacher ou de la déguiser. Allez donc dire à votre prince que ce pacte sur lequel il s'appuie a été interrompu par les révolutions, effacé par le sang des victimes de la monarchie, annulé par ses fautes et ses erreurs, foulé sous le pied des empereurs, et qu'aujourd'hui, brisé, disparu, oublié, il n'est plus qu'une vaine légende sans effet et sans valeur. Qu'il sache que le peuple français ne reconnaît à personne le droit de lui parler en maitre et de dire : Je suis votre roi, voici mes titres.

Chez quelques-uns d'entre vous pourtant, l'esprit de parti n'étouffe pas l'indépendance et la raison. Devenus royalistes afin de réagir contre les excès et les injustices des républicains, vous ne vous laissez pas aveugler par les promesses; vous ne vous faites point d'illusion sur le caractère du régime que vous soutenez; vous ne

vous déguisez point ses défauts et ses faiblesses; moins partisans que patriotes, vous
ne voulez que le bien du pays, vous êtes
préparés à faire des sacrifices pour le servir, vous iriez même jusqu'à transiger avec
vos ennemis. Plus perspicaces que vos collègues et vos amis intransigeants, vous
savez que les monarchies les plus ferme-
ment établies sont celles qui aspirent le
moins à diriger la politique de leurs sujets. Le czar de Russie, le maître absolu
de cet empire immense, vit continuellement
dans la crainte d'être assassiné, tandis que
la reine d'Angleterre, souveraine dépour-
vue de tout pouvoir despotique et arbitraire, mais aimée et respectée de son
peuple, peut voyager partout sans danger
aucun. Le monarque qui convient à notre
état de civilisation n'est rien moins qu'un
homme politique. Son rôle est social : en-
courager les arts et les lettres, stimuler le
développement de l'industrie, favoriser
l'extension de l'éducation, présider aux
fêtes et à l'ouverture des ports et des éta-

blissements d'utilité publique, user de son influence pour secourir les pauvres et les malades, se mettre enfin à la tête de tout mouvement social dont le but est louable, telle est la manière dont son activité doit se déployer dans l'intérêt des populations qu'il gouverne. Rien n'est plus beau que cette tâche. Quand un roi s'en acquitte consciencieusement, il n'a pas à craindre les menées des factions hostiles ni la jalousie de ses rivaux; car c'est alors qu'il atteint en quelque sorte par ses actes généreux et sa conduite magnanime ce droit divin que la naissance ne peut lui donner. Ami du peuple, son empire est établi sur les cœurs; son plus beau titre, c'est la sympathie populaire. Ce rôle a été admirablement compris en Angleterre par le prince de Galles, et le peuple anglais, qui pousse souvent l'étiquette morale jusqu'à la pruderie, a vite oublié les écarts de jeunesse bien pardonnables de son prince pour honorer en lui l'homme dévoué à la cause publique. Mais ces fonctions qui ennoblis-

sent à un si haut degré celui qui les entreprend, un roi politique, un chef de parti,
l'auteur d'un système de gouvernement ne
pourrait jamais les remplir avec succès, le
concours nécessaire lui ferait défaut ; l'on
craindrait trop d'ajouter à sa puissance et
à celle de ses partisans pour l'aider dans
ses entreprises bienfaisantes qu'on aurait
plutôt intérêt à dénigrer. Ainsi ses vertus
civiques, au lieu de désarmer l'hostilité de
ses ennemis, ne feraient qu'exciter davantage leur animosité. Sa politique, quelque
prudente qu'elle fût, ne laisserait pas de
susciter de l'opposition. L'autorité et le
pouvoir concentrés entre les mains d'un
individu, loin d'être aujourd'hui une preuve
et une garantie de la stabilité du régime
qu'il représente, sont le plus souvent la
cause de sa faiblesse et de sa perte. Il importe donc de retirer au souverain les
droits et les privilèges qui pourraient servir de prétexte pour renverser son gouvernement. Il se trouverait de cette manière à l'abri de toutes les attaques. Sa

position vis-à-vis des deux Chambres res-
semble assez à celle d'un ingénieur chargé
de faire fonctionner une machine quelconque et de la remettre en mouvement au cas
où elle s'arrêterait. Cette surveillance tran-
quille, impartiale, presque désintéressée,
marque la limite de son devoir et de son
pouvoir politiques. Il en est de même d'un
président, qui n'est en réalité qu'un roi électif ayant un mandat dont la durée est fixée
par la loi. Entre une monarchie libre et
une république libre, il n'y a que cette différence minime et superficielle. Sous ces
deux régimes les fonctions du chef de
l'État sont absolument les mêmes. Je ne
plaide ici la cause ni de l'un ni de l'autre,
mais je vous dis, à vous monarchistes qui
ne refusez pas de prêter l'oreille lorsqu'on
vous présente des arguments sérieux,
écoutez la voix de la raison et de la conscience; si vous aimez votre patrie, si vous
désirez lui donner une preuve de cet amour,
ne regardez point ceux qui se séparent de
vous sur ce point et sur certaines ques-

tions où la transaction est possible comme des adversaires irréconciliables. Ne vous disputez point avec eux sur ces vains mots de royauté et de république; ne vous acharnez pas à renverser un régime que vous arriveriez à modifier avec moins de peine et d'efforts. Que le chef de l'État soit un président, qu'il soit un roi électif ou héréditaire, peu vous importe; exigez seulement que ses attributions soient conformes aux principes de la modération et de la liberté; et si, pour atteindre ce but, des alliances avec vos ennemis d'aujourd'hui sont nénécessaires, ne reculez point devant cette possibilité; n'oubliez pas que votre hostilité est en grande partie la cause de leurs violences et de leurs excès, et réfléchissez avant de la pousser plus loin. Ne soumettez pas votre concours à des conditions et à des réserves qui en rendraient l'accueil dangereux, sinon impossible. Qu'un faux sentiment de loyauté ou de fidélité envers un prince exilé ne vous retienne pas; ne songez qu'à la France, et faites votre devoir.

AUX OPPORTUNISTES

Républicains modérés, depuis plus d'une dizaine d'années vous détenez le pouvoir dans ce pays et vous le gouvernez. L'administration, l'armée, la marine, la justice, l'Église, l'enseignement, les colonies, tout dépend de vous, tout subit votre contrôle, tout vous obéit. Les régimes du passé vous ont légué l'un des systèmes les plus fortement centralisés qu'il soit possible d'imaginer. D'où vient donc que munis d'une arme si puissante, qu'ayant tous ces moyens à votre disposition d'étendre votre influence et d'établir sur une base solide votre gouvernement, vous ne soyez plus aujourd'hui qu'un parti faible,

divisé, discrédité, sans programme arrêté,
ni chef autorisé, ni avenir assuré? L'on
commettrait une erreur insigne si l'on
essayait, comme le font quelques-uns d'entre vous, d'expliquer au moyen des quelques excès et des quelques faiblesses que
vous confessez vous-mêmes la position
amoindrie que vous occupez dans le Parlement et vis-à-vis de vos électeurs. Le
mal est plus profond et plus enraciné que
vous ne le pensez. Le récit de vos actes
depuis votre arrivée au pouvoir prouve
d'une manière irréfutable combien peu les
vérités les plus élémentaires de la politique vous sont connues. Il y a à peine un
principe que pendant la durée de votre domination vous n'ayez violé, une règle dont
vous ayez tenu compte, un devoir que
vous ayez rempli jusqu'au bout. Vous
avez suivi une politique d'hésitations,
d'alarmes, de concessions et d'expédients.
Si vous désirez la preuve de ce que
j'avance, vous n'avez qu'à remonter au
commencement de la dernière législature.

A cette époque, vous veniez de subir un échec inattendu. Le 4 octobre 1885, la fortune sembla vous abandonner; le 18 du même mois, le sort vous dédommagea de votre insuccès. La majorité de la Chambre était républicaine, celle du parti républicain était modérée. Ce parti se trouvait ainsi assez nombreux pour résister aux réclamations des monarchistes et des bonapartistes, sans être assez homogène pour former un gouvernement régulier. Entre vous et les radicaux, il y a des différences d'opinion et de caractère qui rendent tout traité illusoire, toute transaction futile. Reconnaître cette vérité qui n'échappait à personne qu'à vous et faire de nouveau appel aux électeurs afin de pouvoir vous passer de l'appui de vos adversaires, c'était l'unique solution du problème que vous aviez à résoudre. Vous avez cru en avoir trouvé une autre; vous avez feint d'ignorer les questions qui vous séparaient de l'extrême gauche et vous transformaient en deux camps hostiles et irréconciliables. Vous avez prêché la concorde, la paix, la concentration républicaine; concentration, ah! quel beau mot de ralliement, mais quelle idée absurde et vaine! Avec une rare constance et une persévérance louable, vous avez formé des ministères pour les renverser ensuite, vous avez rédigé et modifié vos programmes dans le but de trouver un terrain où l'union fût réalisable, en un mot vous avez épuisé toutes les combinaisons possibles et impossibles. Aujourd'hui, vous savez ce que vaut cette alliance, quelles en sont les conséquences, à quels tiraillements elle vous a assujettis, quels sacrifices elle vous a imposés, quelle popularité elle vous a coûtée, quelle opposition elle vous a suscitée et quels reproches vous adressent vos partisans mêmes à propos des concessions faites à l'esprit radical qui vous ont paru nécessaires. Tous ces déboires, la connaissance la plus limitée de la manière dont se pratique le gouvernement parlementaire vous les aurait épargnés. Il est une règle fondamentale de la politique moderne, c'est que quand un ministre ne peut compter sur une majorité fidèle, il lui est impossible de gouverner; et essayer d'en créer une ayant un caractère factice, c'est courir de malheur en malheur, de défaite en défaite. Vous en avez du reste fait l'expérience. Si vous êtes des hommes sages, l'envie ne vous prendra guère de recommencer; vous êtes à même de juger à quels désastres conduisent une attitude hésitante et une politique d'ajournement. Mais ce n'est pas seulement à la Chambre que votre conduite a été faible et équivoque. Tout votre système de gouvernement, que vous appelez la République, mais qui ne l'est que de nom, tout votre système, vous dis-je, est un vaste compromis entre l'autocratie et la démocratie, entre le despotisme et la liberté. La machine gouvernementale est l'ouvrage de mains républicaines, je le veux bien, mais ses ressorts étaient forgés sur l'enclume impériale; et vous ne

trouvez point assez d'anathèmes pour condamner l'empire, dont vous imitez les méthodes et gardez les défauts.

Ah ! quelle logique que la vôtre ! Vos
adversaires les plus osés vous accusent
ouvertement de corruption; c'est aller trop
loin si par ce mot l'on veut indiquer le
trafic honteux auquel quelques-uns se
sont livrés sous la protection de votre
dernier président ; ce qui est pourtant in-
déniable, c'est que votre manière de gouverner le rendait possible, le favorisait,
l'engendrait même. D'ailleurs, il y a tant
de façons de pratiquer la corruption que
vous n'avez pas besoin de recourir aux
décorations, dont la vente est trop difficile
et trop dangereuse pour être avantageuse.
Vous vous y prenez autrement. Vous
cherchez, par tous les moyens que met à
votre disposition une administration étendue, à attirer des votes. Des fonctionnaires
vous faites des agents politiques. Vous
les choisissez selon le degré d'influence
qu'ils ont eux-mêmes dans le pays ou

qu'y exercent leurs amis. Chaque ministre,
en arrivant au pouvoir, essaye d'augmenter le nombre de ses partisans et de ses
créatures. Le préfet doit être, selon vous,
un homme actif, remuant, capable de tirer
parti des conditions locales où il se trouve
au profit de son parti ou de son entou-
rage. A ceux qui sont soumis à son autorité, vous enseignez les préceptes et les
doctrines les plus condamnables, vous les
engagez à faire de la propagande politique, à peser sur les électeurs avec lesquels ils ont des rapports, afin de les
contraindre à parler et à voter pour la République. Tout cela, vous l'appelez la cen-
tralisation, et moi je vous dis que c'est la
source de plus de la moitié de vos pertes
et de vos malheurs, la cause de vos
erreurs et de vos faiblesses et le plus
grand vice de votre système. Je prends
pour vous le prouver un exemple. Au moment des dernières élections, le ministre
des finances a envoyé aux fonctionnaires
dont il a la direction une circulaire

sous le prétexte de leur rappeler leurs
devoirs, mais à vrai dire pour les inviter
à en dépasser les justes limites. Ils ne
doivent pas, ieur dit-il, se borner à l'accomplissement de leur tâche administra-
tive. Ils sont tenus à seconder l'action du
gouvernement et à se montrer en toute
circonstance les auxiliaires dévoués de
leur chef. Que signifie un tel langage. L'on
serait bien niais si l'on supposait qu'un
ministre écrirait ainsi à des hommes incapables de lui fournir un appui réel et
important. Quel est donc la nature des
services qu'il leur demande. Il se garde
bien de le dire. De quelle manière des
fonctionnaires peuvent-ils venir en aide à
un gouvernement qui chancelle? Avec des
contributions en argent? Oserait-on y songer? Leur éloquence suffirait-elle pour
le sauver? L'opinion d'un fonctionnaire
a-t-elle un poids si grand? Faudrait-il chercher l'explication de cet énigme dans le
rapport secret qui existe entre leurs fonctions et les moyens qu'ils emploieraient

afin d'exercer une influence sur le reste
de leurs concitoyens. Se contenteront-ils
d'éveiller chez les uns et chez les autres
des craintes et des espérances, ou, comme
l'économe infidèle, diront-ils sans rougir
aux débiteurs de l'État : « Combien devez-
vous à mon maître ? Écrivez promptement
la moitié de la somme. » Il en est de même
de toutes les administrations ; partout on
engage les fonctionnaires à favoriser les
partisans du régime établi au détriment
des autres Français, car c'est ainsi que
se résument les ordres qu'ils reçoivent.
D'ailleurs, êtes vous bien sûrs qu'ils seront
les interprètes fidèles des instructions que
vous leur donnez. Vous savez quelle arro-
gance et quelle intolérance peut déve-
lopper chez eux le peu d'autorité dont ils
sont munis ; que votre encouragement
suffira pour les transformer en une armée
de petits tyrans sociaux ; que quand ils se
borneraient à des mesures justifiables, la
pression que vous exercez sur eux n'en
serait pas moins honteuse, puisque quant

à leurs opinions politiques ils sont vos esclaves, et que vous les forcez à approuver et à louer en public comme serviteurs de l'État vos actes, qu'au fond de leur cœur ils condamnent en leur qualité de citoyens et de Français. Ah! ne voyez-vous pas qu'agir ainsi, c'est créer le despotisme le plus inique et le plus odieux, c'est éveiller le mécontentement dans le pays, c'est ébranler de fond en comble la constitution et c'est ruiner vos finances. Ne comprenez-vous pas que si l'appui de ces hommes vous est utile et leur action efficace, vous ne sauriez vous en dispenser ni réduire leur nombre sans affaiblir le pouvoir; qu'afin de soutenir votre autorité, ce peuple surchargé d'impôts est obligé de faire de grands sacrifices d'argent, car vos erreurs et vos faiblesses sont grosses de maux incessamment plus graves. Mais si la pratique de cette méthode de gouvernement a des inconvénients, si elle est difficile, si elle est dangereuse, la doctrine que vous prêchez pour la justifier l'est cent fois davantage ; elle ne nuit à personne autant qu'à vous-mêmes, elle vous suscite des obstacles impossibles à vaincre, des embarras que vous êtes impuissants à faire disparaître, des dangers dont vous ne vous rendez pas compte, et elle apporte dans vos institutions le désordre et la confusion. « La démocratie, disait autrefois un orateur célèbre, coule à pleins bords. » Aujourd'hui, elle déborde, les anciennes barrières ne la retiennent plus, les digues qu'ont élevées cette génération et la précédente cèdent sous son énergique pression ; elle renverse, elle inonde, elle brise, elle détruit tout ce que l'ingéniosité des hommes a imaginé pour la contenir ; elle se creuse de nouveaux lits et elle menace d'emporter dans sa course effrénée vos droits et vos libertés.

La tâche de l'homme politique devient ingrate et périlleuse, en vain il cherche un point de repère et un lieu d'où il puisse s'orienter, en vain il essaye de se faire une idée des devoirs et des fonctions dont

sont chargées les différentes assemblées
qui constituent le gouvernement dans ce
pays et de retracer les lignes de démarca-
tion qui les séparent. Leur autorité, leur
influence, leur pouvoir et leurs attributions,
tout se mêle et se confond. On ne voit plus
que des luttes et des antagonismes, on ne
rencontre dans le récit de leurs actes que
des exagérations, des empiétements et des
violations de droit et de principe. La
Chambre se montre jalouse des privilèges
du Sénat et cherche à les réduire, quitte à
s'en servir dans l'occasion pour arriver à
ses propres fins. Les députés se regardent
comme les maîtres absolus des destinées
du pays. Ils ne perdent aucune occasion
d'influer sur les ministres et sur les pré-
fets. Ces derniers, les sous-préfets et souvent les maires ont entre leurs mains
les fils qui font manœuvrer les marion-
nettes du département, de l'arrondissement et de la commune. C'est là qu'aboutit
l'impulsion qui vient d'en haut, c'est là
également qu'elle se rencontre avec une

autre tout aussi puissante, plus difficile à régler et à contenir et qui est la conséquence directe de la première. Du choc de ces deux influences naissent des conflits, des divisions, des ambitions, des animosités, des persécutions.

La peine qu'on s'est donnée à inculquer aux fonctionnaires cette idée qu'ils doivent partout et en toute circonstance soutenir la République, c'est-à-dire que leur rôle est à la fois politique et administratif, n'a pas été perdue pour les membres du gouvernement provincial. Leur argument est du reste assez simple, ils se disent : « On oblige les fonctionnaires, qui sont des gens payés et soumis, à faire de la propagande en faveur des ministres, leurs supérieurs. Pourquoi nous empêcherait-on de nous mêler de politique ? Notre mandat est limité, sauf dans les élections sénatoriales, aux questions d'intérêt local, nous le reconnaissons, mais nous sommes les élus et les représentants de nos concitoyens, nous avons donc les mêmes droits

7.

que les serviteurs de l'état, pourquoi n'em-
ploierions-nous pas notre autorité, afin
d'atteindre un but qui nous parait bon ? »
C'est ainsi qu'en partant de ce raisonnement, ils commencent par confondre leurs
fonctions avec leurs vœux et leurs aspira-
tions. Mais comme ils ne s'entendent guère
ensemble, comme d'ailleurs ils n'obéissent
à aucun mot d'ordre, leur ingérence dans
la politique n'a pour résultat que d'éveiller
leurs passions, de rendre la lutte entre eux
plus violente, les différences plus pro-
fondes et d'embarrasser de plus d'une manière le gouvernement. Le préfet se trouve
impuissant à réprimer leurs excès et n'ose
intervenir, de peur d'affaiblir le pouvoir
qu'il représente en augmentant le nombre
de ses ennemis. Peu gêné par cette surveillance, chacun cherche de toutes les
façons à faire dominer ses idées particu-
lières et à créer, pour sa commune ou son
arrondissement, une renommée dans laquelle il revendique énergiquement sa
part. Dans un département, on demande

la revision de la constitution; dans un autre, on invite une commission parlementaire à déposer au plus vite son rapport; dans un troisième, on réclame des lois sur la presse; dans d'autres encore, on agite des questions politiques, on défend le ministère du jour ou on l'attaque, on le blâme, on le censure, on essaye de l'intimider, de peser sur lui; on lui donne des conseils, on exprime des vœux, on rédige des protestations, on expose des théories socialistes et on fait des expériences de toutes sortes afin d'engager le pays à adopter tel projet. L'activité de ces hommes, leur ambition et leurs prétentions n'ont pas de bornes; tout leur paraît possible, tout leur paraît légitime. Ils transforment les assemblées locales en de véritables foyers de désordre, de sédition et de révolution, dont le principal et le plus dangereux est le conseil municipal de Paris.

L'effet que produit un état de choses si déplorable sur les populations et plus particulièrement sur les classes ouvrières est prodigieux. La Chambre a, depuis quelque temps, perdu une grande partie de son prestige par la conduite irrégulière de ses membres, mais elle en perd bien davantage par son attitude pusillamine en face de ces empiétements qu'aucun gouvernement ne devrait tolérer. Vous vous rendez un peu compte du mal et vous cherchez à l'atténuer, car vous n'avez ni le courage ni les moyens de le guérir radicalement. Vous ne savez pas que la confusion des pouvoirs telle que je viens de la dépeindre provient tout naturellement de ce qu'on a violé ce principe de la démocratie moderne, la neutralité politique des fonctionnaires et des serviteurs de l'Etat. Ce titre même prouve la fausseté de vos doctrines. Qu'est-ce donc qu'un fonctionnaire, sinon un homme qui, pour de l'argent, se consacre aux intérêts du pays entier et de ses habitants? Or, vous lui dites qu'il a d'autres devoirs à remplir, qu'il doit soutenir la République qui, selon vous, est le gouvernement de tous les Français ; mais ne

voyez-vous pas que soutenir ce régime,
c'est vous soutenir vous-mêmes qui en
êtes les auteurs et les représentants, qui
en faites ce que vous voulez, et que bien
s'acquitter de cette tâche, c'est défendre
un gouvernement qui change avec les sai-
sons, c'est excuser des actes sur lesquels
vous avez vous-mêmes passé condamna-
tion, c'est trahir la cause publique? Et,
soyez-en sûrs, tant que vous inculquerez à
ceux qui sont sous votre direction des
idées aussi subversives, vous en suppor-
terez les conséquences et vous n'aurez ni
le droit ni le pouvoir de réprimer les excès
des assemblées locales dont vous craignez
avec raison l'influence.

Il existe pourtant encore d'autres formes
de corruption qui affaiblissent votre système politique et contre lesquelles il est
nécessaire de chercher des remèdes. Dans
une réunion à Marseille ou à Lyon, si j'ai
bonne mémoire, M. Clémenceau traitait la
question des finances lorsqu'un ouvrier
lui suggéra d'abolir le traitement des dé-

putés. Non, répondit le chef des radicaux,
ce serait de la fausse économie, vous n'auriez plus de représentants. Cependant l'in-
terrupteur avait raison. La réponse de
l'homme d'État manquait de franchise,
de vérité et de jugement.

L'économie serait réelle, elle serait
juste, elle serait raisonnable; ce que cet
individu proposait était en réalité la réforme la plus salutaire et la seule qui
puisse rendre à la Chambre toute inté-
grité, aux députés toute leur indépendance. Quelle est la position d'un membre
de cette assemblée en arrivant à Paris après
les élections? A moins d'avoir une chance
exceptionnelle, il a dû lutter contre une
opposition vigoureuse. Afin de faire triompher sa cause, il a eu recours à tous les
moyens, il a discuté devant ses électeurs,
il leur a fait des visites, il les a flattés,
amusés, traités, séduits, achetés, corrom-
pus de toute manière. Des agents, des
affiches, des théories, des doctrines, des
brochures, des programmes, des soupers,

des punchs, des verres de bière, des ca-
deaux et des promesses, il a tout utilisé,
il a tout employé. Les frais de son élection montent à 20,000 francs au moins. Il
doit des récompenses à ses principaux
aides, à ceux qui ont organisé sa campagne électorale, à ses lieutenants de pro-
vince. Chacun se fait payer à sa manière;
à l'un, il faut un poste; à l'autre, des hon-
neurs; à tel autre, un secours dans ses affaires. Aux autorités locales il a promis
des travaux d'utilité publique, un pont, un
chemin de fer, un canal, tout ce qui peut
enrichir ceux qu'il représente. Outre cela
il reçoit à partir du jour de son élection
de nombreuses lettres contenant des demandes d'argent, de protection et parfois
même d'objets d'art en souvenir de sa victoire.

Tous ces solliciteurs sont pressés, aucun d'entre eux ne peut attendre. Le député découvre qu'on le regarde comme
une sorte d'agent général à qui il est per-
mis de donner toute espèce de commis-

sions. Au risque de perdre la confiance de ceux qui l'ont élu, il se trouve obligé de devenir à son tour solliciteur ; il se met en quête d'emplois, il les brigue chez les ministres, il propose de nouveaux crédits destinés au payement ou au profit des hommes les plus influents de sa circonscription électorale. Ceci dure d'un an à dix huit mois ; vient alors une période de deux ans pendant laquelle il peut s'occuper des affaires du pays quitte à rendre un compte minutieux de ses faits et gestes à ses électeurs avides d'avoir un mandataire soumis à leurs caprices ; puis le jour arrive où il doit songer à sa réélection et travailler à l'assurer. Ainsi s'écoule la législature sans qu'il ait pu se soustraire un seul instant à cette surveillance étroite. L'idée qu'on se fait aujourd'hui surtout parmi les radicaux du caractère et des devoirs d'un député est la cause principale de cet état de choses. A les en croire, il doit une soumission absolue à ses électeurs, sa tâche consiste à se pénétrer de

leurs idées aussi bien que de leurs besoins afin de leur servir d'interprète.
Leur enseigner quelque chose de la politique, quelle prétention! quelle audace!
Pourquoi en saurait-il plus qu'eux? S'il a
des opinions personnelles il agirait prudemment en les cachant; ses discours
commenceraient toujours par « ce que
veut la France » ou par quelque autre
phrase qui marque son respect et son humilité; il éviterait soigneusement de s'imposer à son auditoire. Une pareille con-
ception est foncièrement fausse; d'abord
traduire autant que le réclament les radicaux les opinions et les désirs des différentes classes qui concourent à l'élection
d'un représentant est pour un seul homme
une impossibilité; puis l'individu qui se
montrerait à ce point souple et servile ne
serait qu'un être méprisable, indigne de
siéger sur les bancs d'une assemblée où
l'on discute les intérêts de la nation.

Le fait est que dans chaque circonscription électorale il y a des hommes re-

muants et ambitieux qui du fond d'un village ou d'un bourg aspirent à gouverner le pays afin de pouvoir exercer à leur gré sur leurs concitoyens une pression morale. Ils tiennent entre les mains le sort du député et se servent de lui comme d'un pion. C'est ainsi qu'en France, où toute l'administration est centralisée, les influences locales paralysent l'action de la Chambre et font naître au sein même de cette assemblée la confusion et la tyrannie. Si l'on veut sérieusement remédier à cette situation et ramener l'ordre dans la constitution, il sera nécessaire de promulguer sur les élections une loi sévère où l'on défendra sous peine d'invalidation toutes les espèces de corruption. Le candidat serait tenu en outre à prouver qu'il n'aurait pas dépensé plus de 5,000 francs, dans le but d'assurer son élection ; l'État lui rendrait les deux tiers de cette somme s'il réussissait à se faire élire.

La Cour de cassation, la Cour d'appel ou une Cour spéciale, et non pas la Chambre ou le Sénat, jugeraient les causes qui seraient la conséquence de cette loi; en même temps, on prolongerait la durée de la législature de quatre à six ans, et l'on supprimerait le traitement des députés. Cette dernière mesure rencontrerait de la part des radicaux la plus vive opposition. Il faudrait s'y attendre. Considérons donc les arguments qu'ils pourront citer pour soutenir la loi actuelle.

Il n'y aurait plus de députés ouvriers, disent-ils. Est-ce vrai? En Angleterre, dans cet asile de toutes les libertés, on ne paye pas les représentants; cependant, aux avant-dernières élections, il y eut neuf ouvriers élus. Ceux qui siègent actuellement à la Chambre ne sont qu'au nombre de douze. Si l'on songe que le radicalisme compte plus d'adhérents de ce côté de la Manche, l'on admettra que le régime des traitements ne favorise pas autant qu'on aurait pu le croire les intérêts des ouvriers. D'ailleurs quand ceux-ci n'enverraient plus leurs collègues à Paris pour défendre leur

cause, serait-ce un si grand malheur? Les
émoluments que touche un représentant
du peuple permettent à un ouvrier intelli-
gent qui a su acquérir la confiance de ses
semblables de la transformer plus rapidement en un mandat, mais il faut bien
avouer que le traitement d'un député a
pour un homme qui passe sa journée cour-
bée sur son travail un charme et un attrait
irrésistible, et que celui-ci subissant cette
influence, à moins d'être d'une abnégation
extraordinaire, céderait facilement à la tentation d'éveiller chez les populations ouvrières de vaines espérances et de les entraîner par des promesses à voter pour
lui. On voit donc qu'au lieu de les protéger c'est les livrer à l'exploitation des
ambitieux que de rémunérer ceux qui se
chargent de leurs intérêts. Aux yeux des
autres députés, la question du traitement
a sans doute moins d'importance, mais
on aurait tort de la regarder même pour
ceux-ci comme une quantité négligeable.
Qu'après avoir beaucoup dépensé en pro-

vince ils tiennent à se dédommager, qu'ils
soient disposés à faire durer la législature le plus longtemps possible, c'est naturel. Ce sont tous des hommes, ce ne
sont pas tous des millionnaires. La vie à
Paris est chère. A la Chambre, les effets
de ce système ne sont pas plus difficiles à
constater. Du moment que les députés reçoivent des appointements ils ne servent
plus leur pays en patriotes, mais en fonctionnaires. Et qui pis est, en fonctionnaires sans emploi régulier. L'obligation
où ils se trouvent d'assister à toutes les
séances ne laisse pas de produire de fâ-
cheux résultats, car la plupart d'entre eux
passent leur temps dans les couloirs, dans
la bibliothèque ou à la buvette et votent
des lois qu'un très petit nombre a discu-
tées et approfondies. Mieux vaudrait qu'ils
fussent absents, mais c'est en comparant
les deux systèmes chez des peuples dont
les mœurs, le génie et le caractère sont
les mêmes que l'on peut le mieux se
rendre compte de leur valeur. Aux États-

Unis toutes les formes de corruption fleurissent ; de la carrière politique on a fait un vil métier, à tel point qu'un président, chef de son parti, soutenu par l'opinion publique et désireux d'introduire des réformes dans le gouvernement, s'est trouvé impuissant à faire triompher sa cause et a fini par suivre l'exemple de ses prédécesseurs. En Angleterre, au contraire, le pouvoir a été de tout temps entre les mains d'hommes libres et indépendants qui aussitôt qu'ils ne pouvaient plus le garder avec honneur s'empressaient de l'abandonner. Un régime moins pur n'aurait pas enfanté des Bright et des Cobden. Les services qu'ils ont rendus à leurs pays et à la cause de la liberté ne se payent point, car de tels hommes dédaignent les émoluments, ils fuient la corruption.

Cependant, malgré toutes ces raisons pour l'abolition du traitement, il y a des individus qui soutiennent que la France entière doit porter le fardeau de cette dépense exagérée et nuisible, uniquement afin de permettre à quelques mineurs ou à quelques menuisiers poussés par des motifs louches d'atteindre le but de leur ambition. Quand un député a besoin d'un traitement pour vivre, il perd son indépendance en l'acceptant; et, s'il peut s'en passer, pourquoi lui en faire cadeau ?

La question des rapports de l'Église et de l'État est encore celle qui vous a causé le plus d'embarras. Elle menace même d'être éternelle; elle le sera si vous ne changez pas votre manière de l'envisager et de la traiter. Il importe de reconnaître comme une vérité absolue que le principe de la liberté sur lequel reposent les institutions de ce pays et celui de l'autorité qui sert de base à l'Église catholique sont des principes entièrement différents et contraires, aussi contraires que le sont dans le domaine de la nature l'eau et le feu. Tout ce qui sert à les rapprocher n'a pour résultat que de susciter des luttes entre eux et à faire ressortir davantage les barrières infranchissables qui les séparent. Il est impossible à l'heure qu'il est qu'un homme soit à la fois un citoyen libre et un catholique soumis et fidèle. Il n'existe aucun moyen de concilier les prétentions de ces deux puissances, l'Église et l'État. Elles se rencontrent partout, à l'école comme sur le terrain de la politique; et partout elles sont opposées; elles se disputent la vassalité de l'homme depuis sa naissance jusqu'à sa mort, et parfois au delà du tombeau même. Rien ne peut les mettre d'accord; l'hostilité et l'activité de l'une dépendent des forces dont l'autre dispose; des trêves on en aura, la paix jamais. S'il vous vient des doutes à ce sujet, vous n'aurez qu'à lire la lettre encyclique du pape Léon XIII sur la liberté humaine. En la parcourant, vous pourrez vous convaincre que, du moins en théorie, l'Église est l'adversaire irréconciliable des gouvernements populaires, et, malheureusement, elle l'est trop souvent dans la pratique aussi. Ses doctrines sont la conséquence de ses désirs et de ses actes, elles n'en sont pas la justification. L'écrit dont il s'agit est un argument de plus contre le dogme et l'infaillibilité. La logique en est faible, les erreurs y abondent. L'auteur commence par louer la liberté. Dieu veut, nous dit-il, que les hommes soient libres, et par conséquent l'Église le veut aussi. Elle a du reste toujours été partisan de certaines libertés inoffensives.

Être libre, nous dit le saint-père, c'est pouvoir faire le bien. La définition est un peu générale, puisqu'un individu peut trouver bon ce qui déplaît à un autre, mais vous verrez tout à l'heure de quelle manière Sa Sainteté resserre et précise son argumentation. A la différence des animaux, l'homme a la raison ; c'est, dites-vous, pour s'en servir ; attendez : la Providence la lui a accordée afin qu'il puisse distinguer le bien du mal. Ce n'est pas tout ; outre cela, il a une âme. Ce mot prend, lorsque le chef de l'Église catholique l'emploie, une signification fort obscure : elle n'a aucun rapport avec le corps, elle n'est donc pas le siège de nos passions ni de la pensée, ni de nos sentiments bons et mauvais, car l'on sait que lorsqu'un homme a mal aux dents ou à la tête ou qu'il souffre du foie, il est facilement excité et moins aimable envers ses amis. Tout cela suffit pour établir entre la partie physique et la partie morale de notre organisme un rapport des plus étroits.

C'est là une vérité dont tous les médecins de l'Europe affirmeront l'exactitude, mais que ne saisit pas l'Église, dont la philosophie et la science sont restées stationnaires depuis le moyen âge. Qu'est-ce donc que l'âme? C'est la conscience, répondrait le saint-père. Mais celle-ci n'est qu'une faculté morale tout comme les autres. Elle subit les mêmes influences et elle est en proie aux mêmes faiblesses. Dirait-on de cette force intérieure, qui vous pousse vers l'idéal et donne à la pensée des ailes, qu'elle n'agit pas avec plus de vigueur chez l'homme, dont la santé robuste le soutient sous l'effort que

chez tel autre qui y succombe. Essayez
donc d'établir la différence entre cette
faculté et la conscience et de fixer les
limites de l'une et de l'autre; et, si elles ne
diffèrent point essentiellement, quelle est
donc l'âme humaine? L'Église ne cherche
guère à la connaître, quoiqu'elle la
regarde comme son royaume. Elle se
contente d'y régner dans les ténèbres, elle
n'a pas besoin de l'explorer. Il suffit pour
le développement de sa thèse de constater que l'homme est doué d'une âme,
qu'elle exerce sur nos pensées et nos
actes une influence suprême, et de pro-
clamer sans preuves et sans arguments
que le caractère en est céleste et immaté-
riel. Hors de l'église catholique, nous
assure le saint-père, il n'y a ni vertu ni
vérité. Par conséquent, afin d'être libre,
c'est-à-dire de pouvoir faire le bien, il faut
se soumettre en tout à son jugement et à
ses décisions. Ce raisonnement renferme
trois erreurs capitales dont découlent des
milliers d'autres. D'abord, subir à ce point

une influence étrangère, c'est se priver de ses droits pour en jouir; le prix de la liberté en est le sacrifice. On a beau dire qu'il ne s'agit que de choses spirituelles. Les gouvernements populaires ont su limiter la sphère de leur action par des lois précises; le souverain pontife nous prouve par ses revendications nombreuses qu'il se trouve dans l'impossibilité d'en faire autant. Quant à la vertu, il est absurde de prétendre qu'elle appartient exclusivement à un culte ou même à la religion en général. Elle est née dans le cœur de l'homme et se révèle dès les premiers jours; le sourire innocent d'un enfant, voilà la vertu. Les catholiques, dans leur analyse de l'âme humaine, ne reconnaissent que le bien et le mal. Que serait-ce donc que le patriotisme, le courage, l'abnégation et la probité chez les anciens, chez ceux qui n'adoraient que de faux dieux ou qui n'en avaient pas? Serait-ce par hasard le mal? Il en est de même de la vérité; elle n'est pas unique, elle n'est pas le monopole d'une secte ou d'une église, elle ne se laisse pas renfermer dans des dogmes. Ses manifestations sont infinies, elles varient comme les vents et comme les vagues de l'océan; souvent elles sont contraires; tout ce que l'homme peut saisir par ses sens et par ses facultés, voilà la vérité. C'est sur de pareilles erreurs que le catholicisme a fondé sa domination. L'erreur, elle l'idéalise. Tout est beau à l'extérieur; mais pénétrez dans cet édifice, et vous verrez des poutres vermoulues, des piliers qui cèdent, des pierres rongées par le temps, des fentes et des crevasses dans les murs, partout des signes d'ébranlement et de faiblesse.

Quelle est donc la situation en France aujourd'hui? Vous venez de traverser une période de luttes et de querelles violentes et amères qui a abouti à un conflit général de tous les partis. Vous avez vu naguère monter à la tribune de la Chambre un homme plein de zèle et de courage, ému et prêt à émouvoir ses auditeurs;

vous l'avez entendu traduire éloquem-
ment tous ses sentiments si longtemps
contenus, condamner dans des termes
durs et impitoyables la conduite de ses
adversaires, attaquer avec une amertume
soutenue leur politique, blâmer leurs
excès et leurs violences, les ensevelir
sous l'ironie, les couvrir de honte et
d'opprobre et les flageller au nom de qui?
Au nom de quoi? Au nom de cette église,
pour défendre les principes de laquelle il
n'a su trouver ni un mot ni un argument
au nom du despotisme, au nom de la
tyrannie. Avez-vous jamais rencontré un
exemple plus éclatant de l'inconséquence
des hommes, une preuve plus convaincante de l'impossibilité de concilier la
liberté civile et l'autorité spirituelle? Qu'a
donc fait cet orateur pour amener la solution de ce problème qui a agité tant de
générations? Rien. Plus tard, dans la discussion, s'est levé le chef de l'extrême
gauche, qui a combattu avec une énergie,
une précision, une logique et une verve

incomparable les théories et les doctrines de la religion catholique, mais qui, en tout ce qui concerne la pratique du gouvernement, a gardé un silence d'autant plus remarquable qu'il a été l'un des instigateurs principaux de la politique qu'on a suivie jusqu'ici. Qu'a-t-il fait pour tirer la France de l'embarras où l'ont plongée l'opiniâtreté de la lutte et l'acharnement des combattants? Rien. Quel est son plan? Il prêche la guerre sans trêve ni fin. Il se soucie peu des fautes et des erreurs qu'on a commises et qu'on commettra de nouveau demain, si on l'écoute. On aurait pu croire que ces deux orateurs s'étaient entendus d'avance pour lutter l'un contre l'autre sans se rencontrer. M. Clémenceau est allé jusqu'au bout de sa logique. M. le comte de Mun a tiré tout le parti possible de cette occasion où la vengeance s'offrait à lui. Celui-ci guerroyait contre le gouvernement, en France; celui-là contre le Vatican, à Rome. Chacun a remporté la victoire, et personne n'en est mort. C'était ainsi que Napoléon battait les Autrichiens à Vienne pendant que Wellington refoulait nos armées en Espagne. Il se trouve un homme qui tient le milieu entre ces deux extrêmes et compte parmi vous de nombreux partisans. J'ai nommé M. Jules Ferry. Autrefois il ne parlait que de combat, aujourd'hui il chante la paix. Cherchons dans ses actes et dans son système politique une explication de ce changement. Il a entrepris contre l'Église catholique, qui ne cessera jamais de menacer vos libertés, une guerre acharnée. Il a choisi l'école comme terrain de la lutte, il a travaillé de toutes ses forces et avec quelque succès à la rendre libre, et il a essayé d'y limiter et d'y réprimer autant que possible l'influence des prêtres. Outre cela, lui, ses collègues et ses amis ont introduit dans les méthodes scolaires, et notamment dans l'enseignement supérieur, des réformes importantes et utiles. Il y a pourtant dans leur système d'enseignement une grande

lacune. L'instruction morale y est presque
nulle, et, chose plus sérieuse, certains
maîtres, en exagérant les tendances de
leurs supérieurs, ont transformé leurs
écoles en foyers d'immoralité et ont incul-
qué aux élèves des doctrines qui sur de si
jeunes esprits ne pouvaient produire
qu'un effet déplorable.

Les conséquences de cet état de choses
n'ont pas tardé à se faire sentir. Des populations entières se sont crues menacées
jusque dans leurs droits les plus sacrés.
Le mécontentement s'est traduit de mille
manières; les ennemis de la République en
ont profité pour tenter de renverser ce régime, et votre popularité a sérieusement
diminué. Ne croyez pas que tous les mécontents soient des catholiques, ni non
plus que tous ceux-ci soient des adversaires intransigeants du pouvoir civil; mais
soyez sûrs que tous les pères de famille
défendront avec la dernière énergie les
intérêts moraux de leurs enfants, et qu'ils
seront prêts, le cas échéant, à sacrifier une

partie de leurs libertés, afin d'atteindre ce but. Quelle est votre position dans le pays? Quel est le plan qu'il vous faut adopter pour vous tirer de l'embarras où vous êtes? D'un côté, vous courez le risque de froisser les consciences de vos électeurs et de perdre leur appui; de l'autre, de livrer le pouvoir aux prêtres. Il importe d'examiner ce problème avec calme; car les moyens que vous avez employés pour le résoudre ont été tout à fait insuffisants; vous l'avouez du reste vous-mêmes. Il s'agit donc de reconnaître que vous ne pourrez jamais vous soustraire à l'obligation de donner dans vos écoles l'instruction morale, d'abord parce que la grande majorité des Français le désire, ensuite parce qu'il est aussi nécessaire de former le caractère que l'esprit. L'Église catholique seule, à cause de son organisation et de l'autorité dont elle jouit, peut à l'heure qu'il est s'acquitter de cette tâche. Le protestantisme n'a pas assez d'adhérents pour entrer en ligne de compte. Il est également clair que le seul moyen que vous ayez de vous rendre indépendants, c'est de créer une puissance morale rivale de l'église, et de l'introduire peu à peu et avec prudence dans vos établissements d'instruction, où elle finira par l'emporter. Sera-ce difficile? Oui. Sera-ce possible? Oui. Vous pourriez fonder à Paris un séminaire libre où des jeunes gens se destinant à la carrière de professeurs de morale pourraient se livrer pendant trois ou quatre ans aux études nécessaires. De la nature de ces études dépendrait le caractère de l'enseignement qu'ils seraient appelés à donner plus tard. Ils s'appliqueraient à puiser la sagesse dans les œuvres des grands philosophes, aussi bien dans l'Évangile que dans les écrits de Salomon, de Socrate et de Sénèque, et ils s'exerceraient à manier la parole et à discuter la valeur et l'efficacité des diverses manières d'enseigner. En faisant du christianisme la pierre angulaire de leur système, ils ôteraient au catholicisme sa principale arme de défense; en évitant les

questions futiles qui passionnent tant d'esprits étroits, ils n'auraient pas à s'inquiéter
des attaques de leurs ennemis tandis qu'ils
inspireraient de la confiance à une génération qui s'accoutume de plus en plus à appliquer à la religion les méthodes critiques
de l'histoire et de la science. Certaines
croyances ne seraient pas pour eux des
obstacles à l'accomplissement de leur tâche. La question de la divinité de Jésus-
Christ et celle de l'existence de Dieu n'ont
pas au point de vue des partisans de la liberté une importance capitale. Le pape ne
nous dit-il pas que Dieu veut que les hommes
soient libres? Pourquoi donc guerroyer
contre le ciel comme le font les radicaux?
Ceux-ci n'ont-ils pas assez d'ennemis sur
la terre pour qu'ils veuillent s'en créer ailleurs? M. Clémenceau terminait son discours sur le budget de l'instruction publique par ce mot qu'il adressait aux membres
de la droite : « L'autre monde est un assez
beau royaume, régnez-y. » Il donnerait une
preuve de sa sagesse en réprimant l'ardeur

belliqueuse de ses partisans, qui nuit plus qu'il ne s'en doute à la cause de la liberté. D'ailleurs, si un maître peut, en se servant du mot Dieu, exercer sur ses élèves une influence saine et bonne, pourquoi le lui défendre? Que n'a-t-on pas fait avec ces mots de liberté et d'égalité qui ne représentent pourtant qu'un idéal impossible à atteindre ?

Un philanthrope doublé d'un philosophe, un homme de tête et de cœur, un maître entouré de ses élèves qu'il regarde comme ses disciples, lié avec eux par l'amitié et par la confiance qu'il inspire, s'intéressant à eux et à leur vie, les fréquentant chaque jour, les observant, les étudiant individuellement, se servant pour les instruire de la fable et de la parabole, corrigeant leur défauts tantôt par quelque argument simple et frappant, tantôt par une saillie fine et pénétrante, leur racontant sous une forme attrayante les actes les plus remarquables des grands patriotes et des vrais héros de tous les pays et de toutes les époques, cherchant ainsi et de mille autres manières à leur inculquer l'amour de la vertu, et surtout leur donnant l'exemple d'une conduite noble et désintéressée, tel est le type idéal d'un professeur de morale. Des personnes qui réunissent tant de qualités sont en effet rares ; mais si leur nombre est restreint leur influence est grande. La chrétienté avec toutes ses églises est l'œuvre du Christ. Un seul professeur suffirait donc à un collège ou à un lycée.

C'est en remontant aux origines de l'humanité que l'on peut arriver à déterminer le genre d'enseignement moral qui convient à notre siècle et à notre état de civilisation.

Il est évident que si l'on avait voulu mettre en pratique les beaux préceptes du christianisme durant cette longue période appelée l'âge de pierre, on aurait vite succombé aux périls qui menaçaient de tous les côtés les hommes. Lorsque ceux-ci erraient dans les forêts, se trouvant souvent aux prises avec les animaux féroces, ne pouvant encore tirer de la terre les moyens de sustenter la vie et obligés de se nourrir des produits de la chasse, leur nature sauvage seule rendait leur existence possible. La leur ôter, c'eût été les faire périr. Ils auraient disparu de ce monde comme tant d'autres races dont il ne reste plus de traces.

Depuis ce temps, de grands changements se sont opérés dans notre manière de vivre qui n'ont pas tardé à influer sur notre caractère. Le progrès matériel a été suivi d'un progrès moral lent, mais tout aussi sûr. Nous sommes devenus moins cruels, moins vindicatifs, plus disposés à nous tolérer et à nous secourir les uns les autres. L'amour de la destruction a sensiblement diminué parce qu'aujourd'hui le besoin de détruire se fait moins sentir.

Celui qui entreprend d'esquisser un système d'enseignement moral doit tenir compte de cette transformation. A l'heure actuelle, on peut énumérer les qualités de

l'âme humaine, dans l'ordre de leur importance, à peu près comme il suit. On
mettrait au premier rang la bonté, l'ama-
bilité, la conscience, l'amitié, l'amour de
l'idéal ; ensuite viendraient le respect de
soi-même, l'espérance, la gaieté, la persévérance, la fermeté, la prudence et l'acqui-
sivité.

On dit souvent que nous avons tous les
défauts de nos qualités, ce qui n'est pas
tout à fait exact, si l'on entend par là que
celles-ci sont toutes au même degré capables d'être exagérées. La bonté, l'ama-
bilité, la conscience, etc., ne nuisent guère
aux personnes qui en sont douées et encore moins à celles qu'elles fréquentent.

Il n'en est pas de même de la persévérance qui tourne en opiniâtreté, de l'amour
de l'épargne qui se transforme en avarice,
de l'estime de soi-même qui est voisine
de l'égoïsme et d'autres facultés morales
dont l'influence varie selon les circonstances. C'est ce fait qui augmente tant
la difficulté de la tâche d'un professeur

de morale. Il doit toujours adopter sa méthode au but qu'il poursuit. S'il veut rendre un enfant aimable, c'est par la douceur et non par une sévérité simulée ou réelle qu'il y arrivera. A-t-il besoin d'agir sur sa conscience ? C'est un discours plein de sentiment qu'il faut lui tenir. S'agit-il de réprimer sa volonté ? C'est en exerçant la même faculté sans colère, sans haine et sans brutalité qu'on pourra la dompter. S'il a trop de volonté, il faut surtout l'empêcher de l'exercer.

Comme l'enfant est d'ordinaire, sous le rapport des forces morales, plus vigoureux qu'une personne adulte, il est souvent nécessaire d'être adroit et de recourir à des moyens variés afin de venir à bout d'une résistance opiniâtre. Les plus puissants sont peut-être l'exemple et le raisonnement.

La première qualité chez un professeur de morale est par conséquent un caractère bon et aimable. Il doit également avoir la parole facile et l'esprit prompt. On n'imposerait à ceux qui se chargeraient de cet enseignement ni dogme ni credo. On exigerait pourtant d'eux, à leur entrée au séminaire, un serment d'obéissance aux règles de l'établissement, et quand ils le quitteraient, on leur ferait jurer solennellement de travailler à élever et à ennoblir le caractère de ceux qu'ils seraient appelés à instruire. A la différence de l'Église catholique, on ne leur permettrait d'exercer leur profession que lorsqu'ils seraient mariés, et seulement à partir de leur vingt-quatrième année.

Afin de le soustraire à l'influence des partis politiques, on mettrait à la tête de cet enseignement trois hommes élus à vie par les membres de l'Académie des sciences morales et politiques. Ces trois hommes formeraient ensemble un conseil d'administration dont l'un d'eux aurait la présidence.

Cette façon de combattre l'Église serait d'autant plus efficace que le but ainsi que les moyens seraient bons et n'offriraient que peu de prise à la critique. Mais ne vous trompez pas sur la nature de la lutte dans laquelle vous vous engagez ; elle sera longue. Il s'agit encore plus des principes que des hommes. Laissez faire les choses, ne les précipitez point, ou vous perdrez tout par votre zèle imprévoyant ; ne privez pas les élèves de l'instruction religieuse et catholique jusqu'à ce que les familles cessent de l'exiger. Ce jour viendra, n'en doutez pas.

Vous avez d'autres moyens de combattre l'influence du catholicisme, et vous ferez bien de n'en négliger aucun. Ceux d'entre vous qui regardent le christianisme primitif comme l'enseignement moral le plus pur que le monde ait jamais connu et Jésus comme l'homme qui, réunissant en lui tout ce qu'il y a de plus noble dans notre nature, a, par ses actes et par ses paroles, atteint la divinité ; ceux qui croient que l'intérêt de la société veut que la belle œuvre du Christ ne périsse pas, ceux-là pourraient, en fondant une société de chrétiens libres, travailler au relèvement de la religion et à la conciliation éventuelle de la foi, de la raison et de la liberté. Mais ce qui augmente l'influence de l'Église, surtout sur les personnes qui raisonnent peu, c'est l'importance extrême qu'elle attache aux cérémonies, à la forme et à la beauté de ses édifices, enfin à tout ce qui plaît aux sens.

Entre la raison froide et l'imagination échauffée, la lutte est souvent inégale. Il faudrait donc, afin d'agir encore sur les esprits de cette manière, faire construire dans les grandes villes un temple à la Vérité où chacun pourrait entrer pour méditer et prier. Sur des tablettes de marbre simplement, mais élégamment sculptées, on graverait en lettres d'or les vérités impérissables que nous ont léguées les grands philosophes et les grands moralistes. On confierait le choix de ces citations à des hommes renommés pour leur intelligence et leur impartialité. Dans ce sanctuaire, on ne célébrerait aucun office, le murmure des fontaines seul s'y ferait entendre. Cette alliance du beau et du vrai aurait des conséquences incalculables. Elle échouerait pourtant si l'œuvre n'était pas, sous tous les rapports, digne de la cause.

Comme l'influence morale de l'Église est la véritable base de sa puissance politique, il faut essayer de toutes les façons conformes à la liberté de la diminuer. La question du mariage vous offre l'occasion d'y porter un coup sérieux, sans léser les consciences ni blesser les citoyens dans leurs croyances sincères. Quel est, en effet, le caractère de cette cérémonie? En la rendant civile, vous lui avez ôté tout ce qui sert à impressionner et à faire naître des sentiments de respect et de confiance. Vous l'avez réduite à un contrat quasi commercial passé entre les membres de deux familles et consommé devant l'État. Vous établissez entre les personnes et leurs biens une union légale, et, selon vous, c'est là que votre tâche et votre devoir s'arrêtent. Mais est-ce ainsi que doit

9.

s'accomplir l'acte le plus important de la vie d'un homme? Si à ce moment il cherche à affirmer ses vœux et sa détermination devant quelque haute autorité morale; si plus tard, en mariant ses filles, il tient à leur procurer les mêmes avantages, et que pendant de longues années il soutienne l'organisation religieuse à laquelle il doit ces bienfaits, il ne faut pas vous en étonner. Si vous désirez rivaliser avec l'Église sur ce terrain, soyez-en convaincus, pour atteindre les mêmes résultats qu'elle, il faut employer les mêmes moyens.

Faites donc que le mariage civil soit un acte sérieux, imposant, solennel, un spectacle qui frappe les imaginations et dont l'effet pénètre jusque dans le cœur des assistants. Obligez les parties contrac-tantes à se prêter mutuellement serment de fidélité et d'amour, et exigez des parents qu'ils bénissent leurs enfants. Cet usage d'une simplicité presque patriar-cale et d'autres que l'on pourrait suggé-rer ne choqueraient personne. Une bénédiction n'est pas .nécessairement une profession de foi. D'ailleurs, pour mieux assurer le respect de toutes les convictions, il serait facile de varier les formules sans changer en aucune façon leur caractère grave et élevé. Il suffirait probablement d'en rédiger deux, dans des termes assez généraux. L'une servirait aux athées et l'autre aux déistes. De cette manière, l'État, sans enseigner aucune morale spéciale et tout en restant dans les limites d'une tolérance large et généreuse, soutiendrait avec sa grande autorité le mariage comme institution sociale et fortifierait du coup les liens de la famille. Cherchez donc avec ces nouvelles méthodes à lutter contre l'Église catholique, et à réduire à néant ses forces et ses prétentions. Appliquez-vous avec patience à gagner les esprits. Minez lentement les fondements de cette organisation sans qu'on s'en aperçoive. Sapez-les en silence. Munissez-vous des mêmes armes que vos adversaires. Attaquez-les là où ils sont forts. Loin de mépriser l'œuvre qu'ils accomplissent, prenez-la plutôt comme modèle. En face de leurs autels, dressez d'autres autels. Surpassez-les dans le bien qu'ils font; car c'est ainsi seulement que vous réussirez à l'emporter sur eux. Ne desespérez pas du résultat de ce conflit. Il y aura des périodes de réaction, mais le mouvement général du siècle est en votre faveur, et c'est de votre côté que restera définitivement la victoire. Il y a plus de deux mille ans, les armées romaines pénétraient audacieusement dans les pays environnants où l'art de la guerre n'était encore que peu connu. Leurs légions exercées, disciplinées, serraient et refoulaient de tous les côtés des hordes de barbares. Grâce à leur admirable organisation, à la perfection de leurs méthodes et à l'habileté de leurs généraux, elles remportaient partout des succès, et partout elles subjuguaient leurs ennemis. C'est une pareille lutte qui s'engage aujourd'hui sur le terrain des idées entre les partisans de la

liberté et de la science et ceux de la religion catholique, car la raison est la dis-
cipline de la pensée. Les chefs de cette
Église, amis des ténèbres, réfractaires au
progrès, cherchent à tenir l'humanité dans
l'ignorance, afin d'exercer sur elle un empire tyrannique. Ils ne négligent rien dans
leurs efforts pour l'assujettir à leur direction et à leurs caprices ; ils profitent de sa
crédulité et de son peu de connaissances
pour la tromper, la menacer, lui susciter
des doutes et des craintes imaginaires et
lui reprocher comme des péchés mortels
ses actes les plus simples. Ils s'ingèrent
dans ses affaires, contrôlent ses pensées
et dictent sa conduite. Questions d'État,
questions de famille, ils veulent tout tran-
cher, tout régler selon leur façon de voir
et selon leurs intérêts. Cependant, pour
étendre leur influence sur les esprits, ils
n'ont que des moyens peu efficaces, et leur
puissance est déjà rudement ébranlée. Ils
parlent de mystères, ils citent des mi-
racles, ils nous bercent de promesses illu-

soires, ils faussent l'histoire et ils l'inventent, en attribuant aux personnages un pouvoir surhumain que repousse énergiquement une génération éclairée. Les grands exemples et les belles leçons que nous a légués le passé, ils les exagèrent, les dénaturent, les travestissent, les tournent en ridicule. Voilà ce qu'ils font au nom de la morale, qu'ils rapetissent et qu'ils dégradent. Mais chaque jour apporte de nouvelles réfutations de leurs assertions ineptes.

Les philosophes et les savants, autrefois peu nombreux, mais aujourd'hui toute une armée, mènent sans cesse une campagne en faveur du sens commun et de la raison. Ils montrent aux hommes le progrès accompli, la liberté établie, le bien-être acquis et répandu, et la nature humaine profondément modifiée sous l'influence de cette transformation bienfaisante, et ils leur disent :

« Ayez confiance en nous; l'avenir est aux humbles et aux faibles; nous travail-

lons à alléger le fardeau de cette génération et à créer un état de choses meilleur
pour celles qui lui succéderont; nous nous
appliquons à tirer de notre nature et de
la terre où nous sommes tout le bien
qu'elles renferment. Patientez-vous encore
un peu? Jugez de ce que nous ferons par
ce que nous avons fait; car nous ne craignons en comparant notre part dans cette
belle œuvre, la civilisation moderne, avec
celle des partisans de l'Église, le jugement ni de nos contemporains, ni de la
postérité la plus éloignée. Le ciel que
nous préparons à l'humanité est sur la
terre, les fondements en sont jetés. On a
parlé de l'âge d'or comme d'un mythe du
passé, mais un jour ce sera une réalité.
Comptez-y. »

N'hésitez donc pas, Républicains, à vous
ranger du côté de ces hommes et de
prendre part à la tâche qu'ils ont entreprise. Corrigez les défauts de vos institutions. Tracez un programme politique
digne d'un grand parti et capable d'inspi-

rer de la confiance aux électeurs, et suivez-le avec persévérance pour que votre but et votre caractère aillent en se dessinant. Ne vous contentez pas d'indiquer vaguement vos opinions : exposez-les avec netteté ainsi que les réformes que vous croyez désirables. Faites que les élections soient pures, les députés indépendants, les fonctionnaires neutres et impartiaux, le Sénat fort et la Chambre libre. Sauvez la liberté en la pratiquant. Ne contractez pas d'alliances qui exigent de votre part le sacrifice de vos convictions; car souvenez-vous-en, il y a quelque chose de pire que la défaite, c'est l'ignominie.

LA QUESTION DE LA CONSTITUTION

Partisans de la monarchie, Bonapartistes, Républicains modérés, Radicaux,
depuis bientôt un siècle vous vous acharnez les uns contre les autres à propos
d'une question politique qui semble être
pour vous presque insoluble. Elle a pourtant à vos yeux une telle importance que
vous faites le sacrifice de votre énergie,
de vos forces intellectuelles, de votre vie
entière, pour qu'elle soit réglée en défini-
tive selon vos désirs et vos goûts. Elle
vous occupe, vous absorbe, vous rend élo
quents, vous excite et vous transforme
même parfois en de véritables démons.
Vous apportez à sa discussion tant de pas-

sion et d'opiniâtreté, que pour trouver des hommes chez qui l'amour de la dispute égale le vôtre, il faudrait remonter à l'époque des querelles doctrinales des pères de l'Église. Cependant ce n'est pas seulement sur vous personnellement et sur votre tempéramment que s'exerce l'influence de cette lutte dont vous êtes en grande partie responsables. Elle se fait sentir de mille manières; elle fomente la discorde entre les partis et les pousse à la persécution. Elle éloigne de la politique les hommes indépendants et pratiques, ceux qui cherchent à mettre leur réputation et leurs travaux à l'abri de l'antagonisme des factions; elle paralyse les efforts les plus généreux, elle arrête le progrès, elle avilit le pouvoir, elle dégrade l'autorité, elle amoindrit le prestige du pays et en fait la risée de l'Europe. Elle modifie la législation et la dénature, elle affaiblit les institutions, elle réunit dans un même espoir vain et décevant ceux dont le caractère et les opinions diffèrent profondément, et elle divise ceux qu'une communauté de vues et d'idées devrait plutôt réunir; partout elle produit le désordre, la confusion, l'équivoque. Ce problème qui présente pour vous tant de difficultés et qui vous a causé tant d'embarras, c'est la question de la Constitution. Selon l'opinion de la plupart d'entre vous et de vos partisans, il ne s'agit que de la forme du gouvernement et de la nature des institutions que se donnera la France. Mais ne vous y trompez pas : envisager ainsi la question, c'est l'obscurcir. Si elle était aussi simple que vous le pensez, il y a longtemps que vous l'auriez tranchée. Votre histoire ne vous fournit-elle pas des exemples de toutes les formes de gouvernement depuis la commune jusqu'à la monarchie la plus absolue? Ne vous permet-elle pas d'en choisir une qui vous convienne et de la modifier à votre gré en prenant aux unes et aux autres ce qu'elles ont de meilleur et en évitant ce qu'elles ont de défectueux? Oseriez-vous prétendre que l'expérience

vous manque? Vous, qui pouvez compter
dans la courte période d'un siècle douze
constitutions fondées et renversées! Pourquoi donc cette transaction est-elle impossible; pourquoi n'y avez-vous pas recours,
afin de mettre fin à un état de choses dont
ni vous, ni les électeurs, ni le pays entier
ne peuvent tirer profit? C'est que parmi
vous les uns ne connaissent en fait de
gouvernement que ce que le passé vous a
légué, tandis que les autres poursuivent
un idéal irréalisable; mais partisans aveugles ou idéalistes infatués, vous avez tous
votre maître dont vous espérez mériter les
faveurs et la protection en combattant
pour ses intérêts. Que vous serviez des
princes ambitieux et égoïstes ou un régime
exclusif et corrompu, le résultat est toujours le même, vous n'en êtes pas moins
intransigeants ni plus soucieux du bien de
la patrie. Monarchistes, diriez-vous donc
qu'afin d'opérer les réformes dans la Constitution qui vous paraissent nécessaires,
un prétendant vous est indispensable, que

lui seul peut vous conduire à la victoire?
Je vous prouverai qu'au contraire il constitue le plus grand obstacle à l'accomplissement de vos vœux. Ne comprenez-vous
pas qu'il est plus facile de s'emparer d'une
forteresse lorsqu'on a pu s'y introduire
que quand on est forcé de l'assiéger du
dehors? Souvenez-vous de la prise de
Troie, et que cet exemple vous serve de
leçon politique. Vous avez bien tort de ne
pas vous rallier franchement, au moins
pendant un temps, à la République; votre
influence n'en serait qu'augmentée. Le
plus grand reproche que vous faites à
ce régime, c'est la conduite de ses partisans; vous arriveriez à la modifier et à la
changer en détachant quelques membres
de la majorité. Tous vos projets de revision sont en l'air, vous auriez ainsi le
temps d'y réfléchir et de les approfondir,
l'occasion se présenterait sans aucun doute
de les discuter et peut-être de les mettre
en pratique, et, quand un roi vous man-
querait, vous auriez au moins la consola-

tion de savoir que le pouvoir du président
en France dépasse celui de la reine d'Angleterre.

Le titre de roi seul vous fait défaut.
Serait-ce agir en hommes sérieux et en patriotes que de prolonger en combattant
pour un mot cette guerre intestine qui affaiblit tant ce pays? Mais je suppose
qu'aux prochaines élections la fortune vous
favorise et que vos succès vous mettent à
même de vous dispenser de tout concours
de la part des républicains et de ramener
en triomphe le prince de votre choix.

Quelle serait votre position le lendemain
de la restauration? Auriez-vous le droit
de demander la paix à vos ennemis, vous
qui ne vouliez pas la leur accorder, et comment viendriez-vous à bout de leur résistance et de leur opposition, sinon en supprimant leurs libertés et en les persécutant?
Auriez-vous assez d'audace pour les sommer de se soumettre au régime de votre
prédilection, vous qui refusez votre adhésion à la République, à l'établissement de

laquelle vous ne vous êtes pas jadis opposés? Ne voyez-vous pas qu'au lieu de mettre un terme à ces querelles de parti vous les éternisez par votre intransigeance?

Et vous, Bonapartistes, quelles sont les raisons qui vous empêchent de reconnaître un fait accompli? Vous êtes attachés à l'empire.

Soit. Est-ce parce que vous croyez certaines institutions nécessaires au bien du pays et que vous trouvez l'autorité du président insuffisante? Si tel est le résumé de vos opinions, apportez vos arguments, plaidez votre cause devant les électeurs. La France ne demande qu'à être convaincue de la nécessité de vos réformes pour les adopter.

Mais si, au contraire, la vanité et l'intérêt vous poussent à agir comme vous le faites, si vous désirez voir monter sur le trône un empereur afin de pouvoir l'acclamer dans les rues, le saluer aux revues et briguer ensuite des postes et des em-

plois, ces récompenses des courtisans et
des adulateurs, je vous dirai : ralliez-vous
à la République.

Louis-Napoléon l'a soutenue, vous la
combattez. Il s'en est rendu maître par la
ruse, vous lui faites une guerre ouverte.
Vous avez trop de franchise. Appliquez
davantage les méthodes impériales, et
n'oubliez pas qu'il est plus facile de transformer un président en un dictateur que
de renverser un régime par un vote populaire.

Vous demanderiez sans doute ce que le
pays gagnerait à cette soumission sus-
pecte et limitée de tous les partis à la République, puisqu'il existerait toujours dans
son sein les mêmes dissensions et les
mêmes divisions qui, à présent, s'étalent
au grand jour.

La réponse est simple. On se serait
débarrassé des prétendants, et, par conséquent, on aurait supprimé le facteur du
problème qui le complique le plus, savoir :
l'intérêt; on discuterait la question de la

nature du gouvernement sans autant de passion, les préjugés disparaîtraient en partie, une transaction deviendrait possible. Bannissez donc de votre esprit et de vos discussions tout ce qui a rapport aux personnalités.

Mais un doute, un scrupule peut-être vous fera hésiter ainsi que vos alliés d'aujourd'hui, les Monarchistes. Les uns et les autres vous professez à des degrés différents deux principes contraires que vous essayez en vain de concilier, savoir: celui selon lequel une nation est libre de choisir comme chef de gouvernement le roi ou l'empereur qui lui convient, et cet autre qui exige que la couronne passe du père au fils ou au parent le plus proche. Ainsi, quand on vous engage à abandonner vos princes, vous craignez de manquer à votre devoir et de faire violence à vos convictions. Que cette difficulté ne vous arrête pas, car le principe héréditaire, lorsqu'on l'applique à la politique, est faux.

Qu'un homme lègue ses maisons, ses

propriétés, ses troupeaux et ses biens de toute espèce à ses enfants, c'est juste, c'est raisonnable, puisqu'il les a fait naître et les a élevés selon ses idées et ses lumières. Donc, à cause des rapports intimes qui existent entre eux et des liens du sang qui les unissent, il leur doit sa protection et son appui plus qu'à tous les autres êtres de la terre, sa femme exceptée.

Mais léguer ainsi la couronne et les attributs d'un roi ou d'un empereur, voilà ce qu'aucun père ne peut faire en faveur de son fils; regarder le pouvoir et la suprématie dans ce pays comme le droit imprescriptible d'un homme ou d'une famille, c'est insulter à la liberté, c'est vous traiter, vous Français, comme une nation d'esclaves incapables et indignes de choisir leur maître.

Quand on trouverait que dans la pratique le système héréditaire offre plus de garanties de stabilité que celui dont la base est l'élection, est-ce une raison pour subir sans murmure le joug d'un roi mé-

chant, dissolu ou ambitieux, ou pour tolérer
les agissements opposés et funestes de
deux rivaux ? La rivalité des maisons qui
ont régné en France ne lui a-t-elle pas
causé assez de malheurs, sans que vous
travailliez à en augmenter le nombre en
soutenant le principe d'où ils découlent?
Cherchez par d'autres moyens à résoudre
le problème de la Constitution, et ne croyez
pas qu'il soit insoluble.

Républicains, quelle a été votre attitude
sur cette question importante? Tous vos
efforts ont eu pour but d'établir la République sur une base solide et de la mettre
à l'abri des attaques de ses ennemis. La
chose vous a paru toute simple ; vous
avez cru qu'il suffisait de chanter les éloges de ce régime et de le porter aux nues,
tout en dénigrant de votre mieux ceux qui
l'ont précédé, pour créer en sa faveur un
courant d'opinion irrésistible. Vous avez
entrepris vaillamment cette tâche. Si vous
ne l'avez pas encore menée à bonne fin,
vous avez fait tout votre possible. Tous les

.progrès, quelles qu'en soient la nature et l'origine, qu'on a accompli depuis dix-huit ans, vous les attribuez, parfois avec des réserves égoïstes, mais souvent avec une abnégation généreuse, à la République. Vos discours ne se terminent jamais sans un panégyrique de cette forme de gouvernement, la seule selon vous qui garantisse à tous le libre exercice de leurs droits. Vous allez même jusqu'à dresser sur vos places publiques des statues pour symboliser cette idée. Votre dévouement à la cause républicaine est sans bornes : il se révèle tantôt sous la forme d'un fanatisme aveugle et agressif, tantôt sous celle d'un idéalisme vague et rêveur. Tout cela est sans doute très entraînant, mais ce n'est pas de la politique. Au milieu de vos luttes, vous ne vous rendez pas compte de ces exagérations ; vous n'en voyez pas les conséquences, qui ne sont pas pour cela moins sérieuses ; car vos adversaires, lorsqu'ils vous entendent parler de cette façon, tiennent le raisonnement suivant :

ils se disent si la forme du gouvernement
a vraiment une telle importance, si elle
exerce sur la politique une influence aussi
marquée que le prétendent les Républicains, il est évident qu'elle peut être aussi
puissante pour le mal que pour le bien ;
et, comme ils vous sont en tout opposés,
ils en concluent que la seule manière de
réagir contre la laïcisation à outrance,
d'assurer l'économie dans les finances,
c'est de renverser la République. D'ailleurs c'est là la conclusion juste et inévi-
table de toutes vos assertions et de tous vos
arguments. Ne vous étonnez donc pas si
vos ennemis appliquent ceux-ci contrai-
rement à vos souhaits. Qu'ils apprennent
bien la leçon que vous ne vous lassez pas
de leur enseigner, c'est naturel, puisque
vous apportez à cette tâche tant d'ardeur
et tant d'opiniâtreté. Vous ne comprenez
pas que dans vos efforts pour imposer à
tous la forme du gouvernement de votre
prédilection vous ne faites que lui susciter
de l'opposition, et que, tout en voulant for-

tifier la Constitution, vous ne cessez de l'é-
branler et de l'affaiblir.

Ah! si vous déclariez que les institutions
libres, tant monarchiques que républicaines, sont indispensables au bien-être
du peuple, qu'elles constituent une garantie contre une politique d'oppression
et d'aventures, et si vous ajoutiez à cette
profession de foi si sage et si modérée
que la République rentre dans cette catégorie, alors votre attitude serait irrépro-
chable et votre position presque inatta-
quable. Vous venez de subir l'attaque de
tous les partis coalisés de l'opposition et
vous êtes sortis triomphants de la lutte.
Vous auriez pourtant tort d'attribuer ce
résultat heureux uniquement au désir des
électeurs de garder la forme de gouvernement dont vous êtes partisans, quoique ce
désir y ait sans doute largement contribué.
Si le bien-être, conséquence directe du
succès de l'Exposition, avait été moins
répandu et la conduite du général Bou-
langer plus adroite ou plus audacieuse, il

est certain que la République aurait couru
le plus grand risque d'être renversée. Ce
qui ressort donc de la période d'agitation
que vous avez traversée, c'est la nécessité de sauvegarder la Constitution contre
les menées des factions tout en laissant
une voie ouverte pour opérer les réformes
utiles et nécessaires. Il y a deux façons de
reviser qui paraissent offrir des garanties
de liberté, d'ordre et de stabilité. L'une
consiste, après avoir obtenu l'assentiment des deux tiers des membres du Parlement, à convoquer, pour délibérer sur
des changements spécifiés d'avance, les
mandataires de la nation élus dans ce
seul but et à les renvoyer ensuite. L'autre
méthode, c'est de laisser la solution de
ce problème entre les mains des députés
et des sénateurs, sans modifier les autres
conditions, mais quitte à exiger que de
nouvelles chambres ratifient les propositions que les précédentes auraient formulées et adoptées. De ces deux procédés, le
premier se rencontre sous une forme légè-

rement modifiée dans la constitution des
États-Unis aussi bien que dans celles des
divers États séparés, tandis que l'application du second est demandée par quelques hommes d'une grande autorité en
France. Celui-ci rend la revision facile à
opérer, il met la Constitution à l'abri de
l'agitation et il laisse aux électeurs la
tranquillité nécessaire pour vaquer à leurs
affaires ; en revanche, il manque de clarté
et de précision, car en le choisissant on
confie la tâche d'esquisser les réformes à
entreprendre à des hommes qui n'ont
peut-être jamais exprimé leur opinion
sur ce point ; d'ailleurs, c'est confondre
cette question importante avec mille autres qui ont, pour la plupart des personnes, un intérêt au moins égal ; celui-là
au contraire permet au peuple de concentrer sur ce problème toute son attention et
donne à sa décision un caractère définitif
dont on ne saurait exagérer la valeur ; il
est essentiellement démocratique ; de plus,
les Monarchistes et les Bonapartistes

aussi bien que les Radicaux le réclament ;
il faut pourtant reconnaître qu'il est plus
difficile à mettre en pratique et que l'on
perdrait un temps précieux si l'on y re-
courait souvent. Quelle que soit la méthode que vous adoptiez, vous devez vous
rappeler que pour bien reviser il faut considérer à la fois le moins de questions possible et que toute décision a besoin d'être
soumise à l'approbation de la nation avant
de devenir loi. Ne croyez pas que vous puis-
siez toujours refuser de modifier la Constitution. Elle est meilleure sous tous les
rapports que celles par lesquelles on voudrait la remplacer, mais elle ne laisse pas
d'avoir de grands défauts. Le procès Bou-
langer en a révélé un des plus sérieux.
Qu'on se félicite ou non du résultat définitif de ce procès, on ne peut que regretter
les moyens employés pour l'atteindre. Si
l'on veut se faire une idée exacte de l'injustice du procédé, on n'a d'ailleurs
qu'à se demander quelle aurait été la
conduite du gouvernement si la majo-

rité du Sénat avait été monarchique. Vouloir qu'un homme, quel qu'il soit, ait confiance dans le jugement de ses adversaires déclarés, c'est insulter à la raison, c'est trahir une ignorance profonde des principes les plus élémentaires de la justice. D'ailleurs, ce que je viens de dire est aussi vrai quand il est question de l'invalidation d'une élection que lorsqu'il s'agit de réprimer les menées de quelque perturbateur ambitieux. Par conséquent, un double besoin se fait sentir de quelque tribunal semblable à la Cour suprême des États-Unis, dont les décisions impartiales, au lieu de faire naître des rancunes, inspireraient à tous la confiance et le respect. Votre devoir consiste donc à créer d'abord un mécanisme qui vous permette de reviser en sûreté, à inscrire les réformes dans vos programmes et à les entreprendre quand l'occasion se présentera. Ne croyez pas que pour vous débarrasser de l'opposition de vos adversaires vous n'ayez qu'à faire l'éloge de la République.

Ce n'est là qu'un vain mot qui signifie
seulement pour la plupart des personnes
le gouvernement de ceux qui détiennent
le pouvoir aujourd'hui ; de sorte qu'avec
vos arguments vous transformez toute
crise ministérielle en une crise constitutionnelle. Souvenez-vous des sages paroles
de Mirabeau, qui a dit : « C'est le fait d'un
esprit vague et confus de vouloir chercher
les différents caractères des gouvernements. Tous les bons gouvernements ont
des principes communs, ils ne diffèrent
que par la distribution des pouvoirs : les
Républiques sont en un certain sens monarchiques ; les Monarchies sont en un
certain sens républicaines. Il n'y a que
deux gouvernements qui soient mauvais,
le despotisme et l'anarchie ; mais je vous
demande pardon, ce ne sont pas là des
gouvernements. C'est l'absence des gouvernements. » Appliquez-vous donc à
répandre dans tout le pays les idées fon-
damentales qui doivent servir de base aux
institutions libres, quelle que soit la façon

de les désigner. Apprenez aux électeurs
l'utilité et la nécessité d'une Chambre in-
dépendante et d'un Sénat fort et respecté;
expliquez la différence de leurs rôles. Celui-ci a le droit de reviser et de contrôler
les propositions que celle-là, agissant
comme interprète direct de la nation, for-
mule et prépare. Ils constituent ensemble
les deux bases sur lesquelles toute constitution bien équilibrée doit reposer. Quand
vous aurez fait connaître de cette manière
les conditions essentielles non pas du régime républicain, mais du gouvernement
parlementaire dans l'acception la plus vraie
et la plus générale du mot vous aurez
établi entre vous et les partisans des systèmes absolus et tyranniques une barrière
infranchissable.

CONCLUSION

Français, quelles sont les vérités qui se dégagent aujourd'hui de la situation politique? A l'extérieur de sombres nuages couvrent l'horizon. Vous ne savez ni l'heure ni le jour où vous serez lancés dans une guerre dont l'homme le plus sage ne peut prédire le résultat, mais qui sera certainement désastreuse pour la civilisation. Une nation voisine continue à armer et à exercer des millions de ses citoyens destinés à marcher contre vous au premier signe; elle s'impose tous les sacrifices afin que son organisation soit supérieure à la vôtre. Un homme sagace et actif, qui pourtant ne reconnaît en fait de principes de

gouvernement que la ruse et la force bru-
tale, dirige ses destinées. Il a su grouper
dans une alliance des peuples autrefois
ennemis et dont les intérêts ne sont pas
sous plusieurs rapports ceux de l'empereur
son maître. Il tient, comme un aigle qui
étreint sa proie dans ses griffes, deux de
vos provinces, et il cherche par des menaces,
par la persécution et des tracasseries indignes d'un homme d'État à les germaniser.
Qu'avez-vous à opposer aux menées de
votre ennemi ? Sans doute, vos forces militaires et navales, mais aussi la patience,
une vigilance extrême, des contre-alliances,
une résolution inébranlable de ne pas vous
laisser provoquer et de fixer vous-mêmes
la date du conflit. Cependant il se peut que
l'on adopte vis-à-vis des habitants du ter-
ritoire annexé une politique de conciliation.
Votre cause perdrait à ce changement. La
fidélité de vos compatriotes d'hier risque-
rait d'être ébranlée. L'économie dans les
finances et l'ordre dans l'administration,
tels sont les traits marquants du gouver-

nement allemand. Ce sont les qualités que des populations laborieuses estiment le plus chez leurs gouverneurs. Essayez donc de faire contrepoids à cette influence.

L'état de choses à l'intérieur est également loin d'être rassurant. On a soulevé dans ces derniers temps des questions graves et importantes: la question religieuse intéresse et passionne même toutes les classes de la société; l'organisation de l'armée et de la marine est le sujet d'un examen sérieux et de vives discussions; le règlement définitif des rapports entre les patrons et les ouvriers, compliqué par des personnes intéressées, présente de grandes difficultés; la propagande des radicaux fournit abondamment matière à discussion; les violences des députés, la rivalité soulevée entre ceux qui sont ministres et ceux qui aspirent à le devenir et la faiblesse du Sénat ont suggéré des doutes sur la valeur pratique des institutions libres et du système parlementaire, et ont fait naître chez quelques ambitieux le désir de renverser le gouvernement et de s'emparer du pouvoir à l'exclusion de tous les hommes indépendants et libéraux. L'insécurité de la Constitution est une des causes principales de l'intolérance que témoignent les républicains envers leurs adversaires. Tous les efforts qui ont pour but d'établir solidement un régime sans le concours et malgré l'opposition des autres partis sont voués d'avance à l'insuccès. Il existera toujours un courant d'opinion en faveur de certains changements constitutionnels ; il ne s'agit pas de l'arrêter ou de le réprimer entièrement, mais seulement de le renfermer dans les limites que lui impose la raison, de le canaliser. Refusez donc votre appui aux hommes politiques qui réclament, pour le régime dont ils sont partisans, tous les mérites et attribuent aux autres tous les défauts que leur suggère leur imagination. Soyez convaincus que la solution du problème de la Constitution et de tous les autres qu'on soulève aujourd'hui n'est qu'une question de temps.

Travaillez avec patience et courage à les résoudre, et montrez au monde entier, par votre exemple, les bienfaits qui découlent de ces deux sources du bonheur humain : la paix et la liberté.

FIN

TABLE

Paris. — Soc. d'Imp. PAUL DUPONT, 4, rue du Bouloi (Cl.) 2119.2.90.

www.ingramcontent.com/pod-product-compliance
Ingram Content Group UK Ltd.
Pitfield, Milton Keynes, MK11 3LW, UK
UKHW020247180726
13839UKWH00001B/222